宮永國子
Kuniko Miyanaga

英対話力

コミュニケーションで出会う
あたらしい自分

青土社

英対話力

コミュニケーションで出会うあたらしい自分　目次

英対話力

コミュニケーションで出会うあたらしい自分

はじめに

例えば、こういうことはあり得ます。TOEICでいつも満点近くとっているのに、実は英語でのコミュニケーションがまったく分かっていない、ということです。もちろんそれだけの点数をとるだけあって、英語は流暢に話すことができます。まったく普通にネイティブの友人を作っていたりします。一見英語では何も不自由していない。それでも、英語でコミュニケーションが取れていないということはあるのです。しかも、さらに怖いことには、その事実に気づいてさえいないのです。

問題はどこにあるのでしょうか？　それは英語を、英語として成立させている、根源的な要素についての無理解です。この理解が欠けている英語は、真に役に立つ英語にはなり得ません。仏つくって魂いれずです。一番大事なものが欠落しているのです。

しかし物事はポジティブに考えることが一番です。これは別の側から見れば、その根源の部分を理解しさえすれば、英語学習はずっと楽で、効果が上がるということでもあります。一気にまっとうな英語の玄関に立つことができる。もし皆さんが現在はTOEICで後塵を拝しているとしても、一発逆転することだって可能なのです。

本書のタイトルには、あまり一般的ではない「英対話」という言葉が使われています。会話ならぬ対話です。その理由は、対話の本質がインタラクション（interaction）にあるからです。日本語では「相互作用」と訳されたりします。対話とは、話し合う人同士が互いに意見のやりとりをする過程のなかで、一つの結論を導き出そうとするものなのですが、ここには英語のインタラクションが凝縮されています。そして、実はこのインタラクションこそ、英語を英語にする根源的要素の一つに他ならないのです。しかもこれは、ネゴシエーション、プレゼンテーション、ディベートに必勝の秘訣でもあるのです。

このような根源の部分を理解することで、まっとうで実践的な英語への近道が可能です。しかも、高校英語を正しくブラッシュアップするだけで十分な英語にすることができるのです。本書では、その様子をわたくしの英語塾での実例をもとにお伝えしていきます。企業秘密の公開です。

わたくしにとって、英語は初め、目的ではなく手段でした。しかし、それがどうやら誤りであることに気づかされたのは、北米の大学院で博士論文を書いていたときのことです。言語は、発話されることによって、言語となるのだというあたりまえの事実に、気づいたのでした。言語の後ろには、人がいたのです。

例えば、こんなことがありました。博士論文の最終稿を、主任指導員の教授に見せたときのことです。すでに、英語の先生に付いてもらって何度も書き直し、完璧に仕上げたつもりでした。しかし、教授は、「あなたの英語は完璧だが、まだaとtheが分かっていないね」と言って、余白に訂正を書き込んでゆくのです。驚いたことに、全体を訂正したうえで、今度は後ろからさかのぼって、さきほど教授自身が訂正したところを、消したり書き込んだりさえしています。今なら理由は分かりますが、当時は、驚くだけでした。

ともかく、そうやって主任教授のチェックが終わると、それをタイプで打ち直し、今度は次席指導員の教授に持ち込みます。驚くことに、原稿をじっと見つめていた教授は、こんどこそ完璧なはずのaとtheを直し始めたのです。わたくしは、驚いたまま、何もできずにいました。主任教授と次席教授のどちらも、出身校はオックスフォード大学で、当時のわたくしの理解では、英語は同じはずでした。二人ともたとえ用いる語は違うとしても、aとtheのような基本的な用法まで違うなどとは、考えられなかったのです。

そのあと、第三番目の指導教授に提出し、さらにもう一度、主任教授の最終判断を仰がなくてはなりません。主任教授に提出した原稿は、次席教授の訂正が入っているものです。主任教授は、もう一度見直してから、またまた訂正を入れました。それを再度打ち直して、次席教授に届けます。次席教授は、今度は状況を察して、黙ってそのまま返してくれました。これが最終稿となったわけです。

このときに初めて、英語とは、そして言語とは、人の発話の中にあるものだということが身に染みて理解できたのです。用法的にはまったく同じはずの事柄に、人それぞれの多様な違いがあるのです。言語とは、発話の総体のことであり、文法はその骨組みを、誰かやはり人が、そこから取り出してきたものなのです。言語は、発話によって開かれているのです。そして、発話には相手がいます。だからこそ、言語とは対話なのです。対話によってそれぞれに人と出会うのです。人による対話のない言語は、あり得ません。けれども、日本の受験英語は、そうはなってはいませんでした。ほんとうに役立つ実践英語への転換とは、対話のある英語、対話できる言語としての英語を、習得することなのです。

ですから対話とは、出会いに他なりません。自分の文化の中では、出会いは準備されています。いつどのように挨拶すればよいのか、酒はいつどのように飲めばよいのか。出会いは、日常的な出来事です。常識の範囲にあります。文化は便利で、分かりやすく、まるでよくできたマニュアルのようです。使い方は、子供のときから、親に習っています。そのあとには、先生が教えてくれました。知識は、学校で習います。英語の知識も、学校で習得したものです。そういう意味では、学校英語は、日本文化の一部です。だから、学校英語を共有することで出会うのは、実は日本文化で育った人同士なのです。

その結果、どのような問題が生じるでしょうか？　例えば、「I think」を考えてみましょう。これは、日本語を使う人が使うときの運用のイメージとしては、ふつうは、「思うのですが」程度の主張となって、そこには控えめなニュアンスが加わっています。日本文化の奥ゆかしさ、恥じらいまでがのぞいています。けれども、実際の英語の発話としては、逆なのです。「ちょっと思う」程度ではなく、自分の考えを、これから（that 以下で）堂々と言い聞かせるから、しっかと聞いておくのだぞ、と宣言していることになるのです。この違いは、二つの文化が、「考える」という行為に違った意味を持たせているからです。

言語は、それぞれの文化に忠実に、意味を表現しているのです。だから、日本語で考えて、英語で発話すると、言いたいことが伝わらなかったり、誤解が生じたりすることは必然とさえ言えるのです。

このリスクを防ぐことはできないでしょうか。わたくしは、できると考えます。文化は、よくできたマニュアルのようなものなのですから、英語をそれ自身の文化の場において習得するのです。こう言ってしまうと、結局現地に行けば良いんだよね？という反応がすぐに返って来そうです。もちろん現地には行かなくてはなりません。しかし、ただやみくもに行けばいいのではない、というところが大事なのです。英語の持つ対話性、インタラクションの特性をよく踏まえたうえで、学校英語を実践英語に転換させておきます。これを、日本国内であらかじめ学習しておくことが重要です。海外へ出る機会は、今日ではいくらでもあります。本書がそのときのための心構えの、そしておさらいの本となることを念願します。

こうしたことはまた、いやおうなくグローバル化されていく世界のなかで、生きてゆくためのコツでもあります。こういったコツが分かることで、自分の言語に閉じ込められずに、多様な人と出会うことができるのです。自分の文化からまず出ること。そうすることで「思い込みの自分」から出ることができます。思い込みの外には、驚きと、あたらしい経験が待っています。世界は決して今までの自分の延長ではなく、その外に発見するものだということが分かります。人も同じです。自分の外の世界に存在する人に出会うことで、あたらしく自分に出会うのです。同じ自分であるのに、あたらしいのです。こうすることで、世界が多様だからといって、自分がバラバラに分解することなく済むのです。このコツを獲得すると、日本国内でさえも、海外からの訪問者と、無理なく出会うことができます。グローバル社会では、それが日常です。

西洋はこのことを、すでに知っています。知るまでに苦しい実験の時代がありました。西洋近代は、いわゆるポストモダンを含めて、実験の時代です。わたくし達は、西洋からこの部分を、あらためて学ぶことができます。学習は人間力です。学ぶことを、恥じる必要はありません。しかし学ぶなら、きちんと学びましょう。

キーワードは、事実性と創造性です。これがグローバル社会の先端です。英語を学ぶなら、グローバル社会の言語としての英語を学ぶことで、グローバル社会の先端の発想を習得しましょう。両方を一度にやるほうが、別々に習得するより、三倍楽です。それが、英語という言語の対話力に潜む魔力なのです。

第1章

何が見えている？

はじまりはちょっとしたカンちがい

三十代後半の田中さんは、もう少しで課長に手が届くところです。初めての社内奨学生として、アメリカ留学三か月を勝ち取りました。留学先のボストンに到着してまもなく、こんな体験をしたのです。田中さんは経理担当でした。外国語大学出身で、TOEICはいつも九〇〇点以上、外国滞在経験はほとんどなかったのですが、日本国内では外国人の友人も多く、英語には自信がありました。外国滞在経験としては、以前に一度南カリフォルニアの学会で、経理関連の発表をするために、五日間滞在したことがあっただけです。田中さんにとっては、これが唯一の海外経験でしたが、そのときは、全く言葉に不便を感じませんでした。

そんな田中さんが、東海岸ボストンに到着して三日後、それはまるで、何でもないことのように始まったのでした。アメリカならどこにでもある、ハンバーガー店に入ったときのことです。マクドナルドではないのですが、ほんとうによく似たチェーンの一つだったので、なんだか親しみさえ湧いてきます。

カウンターには二つのレジがありましたが、実際に稼働しているのは一つだけで、田中さんの前には一人、中年のアメリカ人女性が並んでいました。まもなく女性の前のレジが空き、同時に、それまでは閉まっていたもう一つのレジが開いたように見えたので、田中さんがそちらに進むと、突然その先客のアメリカ人女性が、険しい声で、

Hey, I am first.（ちょっと、私が先よ）

と言いながら、田中さんをさえぎったのです。

見ると、確かに二番目のレジは開いたのですが、最初のレジが閉まっています。実は、最初のレジの店員は女性の前の客を最後に、持ち場から離れてしまっていたために、実質的にはレジが移っただけで、二つ開いたわけではなかったのです。田中さんはそのことに気づかず、その女性の前に横入りしたような結果となってしまったのでした。

その女性は、「私が先よ」と言いながら、田中さんを押しのけるようにして、前に割り込みます。

状況が100％分かった？

自分のミスに気づいた田中さんは、彼女に謝罪し、レジを譲りました。ほどなくして、もう一人店員が加わり、レジが二つになったので、田中さんは、再度プレーンバーガーを注文します。ところがなぜか、彼のバーガーが先に出てくる結果となって、そのアメリカ人女性の怒りをかってしまったのです。

田中さんは、このいきさつを、次のように説明します。田中さんのメール文からの引用です。

店員に理由を聞いたところ、私が悪意無しに、先にレジにオーダーしてしまっていたプレーンバーガーが、取り消されず生きていて、彼女のライ麦バーガーが後回しになってしまったのです。

状況が100%分かるというのは、信じられないくらい嬉しいです。

店員との会話でも何の不自由も感じなかったという田中さんにとっては、今、自分に何が起きているのか、状況は明らかでした。100%分かったと思いました。しかし、相手の女性は、田中さんを怖い顔でにらんでいます。それを見て田中さんは、こちらに悪意のなかったことを、どうしても説明しておきたいと思ったのでした。

頭にきたのと、理由が知りたいので、問い掛けました。以下はその一部始終です。

田中　"I said sorry. I did not mean it."

女性　(silence)

田中　"Why are you looking at me? Any more problems?"

女性　"Problems? How dare you ask me?"

田中　"I know what you are thinking. But as I said, I didn't mean it. I could not catch what they were talking to each other. That's why I…"

女性　"Oh my Gosh! Crazy!

と言ったきり怒って帰ってしまいました。本当に緊張したので英語が、１００％よく分りました。

自分に見えている光景は――

ここでの会話をできるだけ、田中さんの側から訳してみると――

田中「ごめんなさいって、言ったとおりです。そ、そんなつ、も、り、はなかった、」

女性（沈黙）

田中「どうしてそんなふうに、僕を見るの？　問題があるのですか。」

女性「もんだいー？　よく言えるわね。」

田中「お考えは、よく分かっています。さっきも言ったように、そんなつもりは無かったんです。あの人たちがお互いに、話していることが分からなかったもので、僕……」

女性「あきれた！　馬鹿みたい！」（退散）

相手には違う光景が見えている

相手の女性の立場から、訳してみると、最悪の場合には——

田中「さっきごめんなさいって言いました。でも、謝るつもりはなかったんだ。」
女性（絶句）
田中「なんで僕を見ているのですか？　それ以上、問題があるとでも言うのか。」
女性「もんだいー？　よく言うわね。」
田中「あんたの心のうちは、お見通しだ。しかし言っただろう。それは間違いだって。彼ら同士の会話が、分からなかったから、それで……」
女性「うわっ、ひどい！　狂ってる！」（退散）

実際、ここで女性は、混乱し、すぐに退散するという行動をとりました。これはアメリカでは、定番です。マルチ文化のアメリカでは、わけの分からない状況からは、迅速に撤退します。東洋でも昔から言います。三十六計、逃げるにしかず。

誤解をとく努力が誤解を呼んだ

右の二か所の旁点部分に、注目してください。二人には別々の光景が見えています。田中さんは、

　　そんなつもりはなかった

と言っているにもかかわらず、相手には、

　　でも、謝るつもりはなかったんだ

と聞こえてしまっています。この二つの文章は、意味が正反対になっています。

田中さんは、誤解を解こうとして、女性に話しかけるとき、

I said sorry. I did not mean it.（ごめんねって言ったとおりです。そんなつもりはなかったんだ。）

と、まず言いました。日本語にすれば、「そんなつもりではなかった」という、よくある善意の表現なのですが、英語でこの日本文の意味を、忠実に表現するのは、

I said sorry. I meant it.　（〇）

です。田中さんが発話した、

I said sorry. I did not mean it.　（×）

は、

（さっき）ごめんって言ったけれど、謝ったつもりはなかった。

と、正反対の意味になってしまうのです。

見えていなかった初歩的なミス

こんな初歩的なミスは、田中さんの英語レベルでは、あり得ないはずでした。日本にいたときから、エスニックな友人も多く、英語力は最高レベルで、TOEICはいつもほとんど満点の田中さんでした。「本場」のアメリカでは、もっと実力を発揮できるはずだったのに……。では何が問題だったのでしょうか？　ここで気づくべきことは、英語は日本語とは違う別の言語なのだという事実です。もちろんこれは当たり前すぎることなのですが、しかし、田中さんのような英語のレベルになると、表面の流暢さのなかで、意外とこの事実が実感されていなかったりするものなのです。日本語と英語は違う言語である、ではどのように違うのか？　その違いが理解できれば、ミスも理解できるのです。この視点から、田中さんのケースを見てゆきたいと思います。

日本語では、「ごめんねって言ったよね」という発話も、「そんなつもりじゃなかった」という発話も、同じ心の状態として、並列的に記述できるし、されるのがふつうです。心に浮かんだ順番に並べているので、とても素直な表現行為と言えます。「そんなつもり」は、「自分の悪意」であったり、「あなたを傷つけるつもり」であったり、そのときの話者の心の状態としてイメージされています。最初の発話と次に続く発話の間には、文法的に密接な関連はまったくありません。あるのは発話者の心の中におけるイメージの連鎖です。これが日本語です。だから日本語で意味を考える限り、

ごめんねって言ったとおりです（I said sorry.）
＋
そんなつもりはなかったんだ。（I did not mean it.）

となって、まったく問題ないのです。どちらも「申し訳ない」という感情のイメージで一貫しています。ただし、日本語で考える限り、のことです。

英語ネイティブにはミスに見えない

しかし、英語では全く違います。英語では、前の文章と後の文章は、密接な意味上の関連を持って、積み上げられてゆきます。積み上げ方は、文法や語法ではっきりと決められています。積み上げることで、文章を構造化してゆくのです。ここがわたくし達には、難しい。日本語にはないからです。いままでそういうふうに、発想したことがないからです。しかしこれこそが英語なのです。

I said sorry. I did not mean it.

の「it」は、直前の単語か文章を指します。この場合では「it」は「I said sorry.」（ごめんって言った）を指しています。そのため右記の発話では、

I said sorry = it

となり、「it」の内容である「I said sorry.」を「意味していなかった（I did not mean.）」ことになってしまったのです。つまり、「sorry」じゃなかったことになります。田中さんは気づかずに、自分の意図とは正反対の文章を、発話してしまったのです。

仮に同じ正反対の内容を、より簡明な英語で発話するならば、

When I said sorry, I did not mean it.（ごめんねって言ったときには、謝ったんじゃなかったんだ）(1)

または、「sorry」を外して、

I did not mean what I said.（さっき言ったことは、本心じゃなかったんだ）

となります。田中さんの発言の意味は、先のアメリカ人女性にはこれら二つの文章のように聞こえていたのでした。

田中さんの間違いは、ネイティブにはミスとして、理解できません。なぜなら、こちら

は日本語で考えて、心に浮かぶままに素直に単語を並べているのであっても、ネイティブの相手は英語の文法や語法に従って、それを解釈するからです。これは止められません。田中さんにとって不運だったのは、英語が上手過ぎて、まさかこんな初歩的なミスを犯しているとは、相手には全く予想もできなかったことだと思います。そしてそのような初歩的なミスに、田中さん自身も気づいていないところにも不幸があるのは、言うまでもないでしょう。

日本語経由で英語を学習するから

だから、文章にしろ単語にしろ、心に浮かぶままを並べればよいわけではないのです。よく言われる、単語を並べればよいという考えには、大きなリスクが伴います。日本語ネイティブにとっては、心に浮かぶ仕方も順番も、日本語のものなので、自然、それらを英語に直訳することになり、田中さんと同じ失敗を繰り返すことになります。しかも、自分では100%分かったと思いかねません。

女性のほうでは、相手のまさかの反応に一瞬、絶句してしまったのでしたが、田中さん

はそれを「沈黙」と表現しています。田中さんの意図にそって、なるべくふつうの英語で表現すれば、田中さんの発話は、

I said sorry. I did not mean to go ahead of you.（さっき謝りました。横入りするつもりはまったくなかったのです。）

というところでしょう。

別の本にも書いた(2)のですが、英語で「it」を使うときには、発話者と聞き手の両方に、その「it」が何を指すかということが、共有されていなければならないのです。ところが、ここでの田中さんのケースではそうなっていません。にもかかわらず「it」を使えば、相手は自分の考えで、勝手に「it」をあてはめて使ってしまいます。ここでは発話者の判断が、なによりも重要です。「it」が指す内容が共有されていないと発話者が判断する場合には、発話者は「it」を使わずに、具体的な内容である「to go ahead of you」を発話しなくてはならないのです。この判別は、発話者の責任なので、発話者はその能力を持たなくてはなりません。そして、この能力こそが、英語文化で教養と呼ばれるものの正体なのです。

この教養がスタイルとして要求されるのが、英語という言語です。

いやなことに、単語の数が増え、場慣れするにしたがって、かえって、このような思い込みによるミスが増えるようにさえなります。今の日本の英語学習法では、これはどこまでも、どこまでもついて回るのです。わたくし自身も例外ではなく、このことに長い間悩まされました。この理由が分かるようになるまでに、さらに長い時間がかかりました。だからこそ、こうして皆さんにお伝えしたいのです。文法をまず暗記し、次にそこに単語を当てはめるという、今の一般的なやり方では、永遠にこの問題から逃れることはできません。単語も文章も、意味は日本語に訳して理解するから、そうなってしまうのは仕方がないのです。このやり方では、英語の皮をかぶった日本語の発話という、落とし穴に完全にハマってしまいます。それと気づくことすらないままに、です。

お互い人間

英語という言語だけが問題なら、特効薬がないわけではありません。田中さんの場合には、現地のアメリカ人に個人教授してもらえばよいのです。たしかに個人教授を受けるには、コツがありますが、ありとあらゆる自分の会話を録音し、起こしたものを品位のある、プロフェッショナルな英語に手直ししてもらえばよいのです。

しかし本当の問題は、その先にあります。英語の完成度にばかり気を取られていると、今、あなたの前に居る相手が、見えなくなってしまいます。言葉はボールのように、相手に投げなくてはなりません。とくに英語では、自分に向けて、しゃべるのは最悪です。相手に向けて、的確に言葉を投げなくてはなりません。向こうからボールが飛んできたら、上手に受け取って、投げ返さなくてはなりません。このように、言葉のボールを投げ合うのが、英語のインタラクションです。これが英語の会話の基礎であり、約束事なのです。日本語ではふつう、問いと答えの一対が一ラウンドとなっています。一回聞かれて、一回答えて、そこで終わります。発話者がボールを投げ、相手がそれを受け取って、終わります。答えにはYesが予定されていて、対話者同士、Noは期待していないのがふつうです。このように、一対の問答が、日本語での会話の基本なのです。答えてから、そこからさらに問いを投げれば、それはNoを意味します。これはしらふではルール違反ですが、酒の席では許されることになっています。だからこそ上手な酒の飲み方は、日本では重要な社交術なのです。

英語では、ボールは必ず投げ返します。そうやってボールが行き来するなかで、相手が納得して、

That's it!（そのとおりだ！）

と言ってくれれば、一件落着するのです。もちろん酒は要りません。「That's it!」そのままの表現でなくても、相手が納得すれば、一ラウンドが終わり、話題は次に移行します。対話は、続けてゆくことが原則です。納得まで行かずに終われば、投げ出したことになり、人間関係にまで影響が出ることになりかねません。

このような英語文化の中では、お役所や、顧客対応窓口に、説明責任があるのは、当然のことなのです。お客さんが納得するまで、説明することが当たり前になっています。日本のどこかのお役所のように、内部用のマニュアルを読み上げるような説明をしてから、これでも分からないお前はバカか、と言わんばかりの対応は、あり得ないのです。英語の「accountability（アカウンタビリティ）」という言葉は、ふつう説明責任と訳されますが、本当は相手を納得させる責任であり、相手が納得するまで説明する責任のことなのです。

そう考えると、英語のインタラクションは、民主主義の日常的な実践にほかなりません。お客さん同士も、前の人が窓口の説明に十分に納得するまで、文句を言うこともなく自分の番を待ちます。自分も完全に納得するまで、説明を受けたいからです。

感情は個人情報

英語の文法や洗練ばかりを考えていると、このような、対話の相手とのインタラクションを忘れてしまいがちです。アメリカ女性とハンバーガーで悶着を起こしたとき、田中さんには確かに英語のミスがありました。しかし、実はそれ以上に問題だったのは、田中さんの現状把握の焦点が、客観的な現実の問題分析よりも、相手の気持ちを改善したい、そうしないと、自分の気持ちが済まない、というところにあったということに他なりません。英語のミスはむしろ、その結果として生じたものでした。

田中さんが「１００％分かった」と思った「状況」は、客観的な現実というよりも、相手と自分の「気持ちの状況」でした。だから、「こちらに悪気はなかったのだから、そっちも気持ちを収めてほしい」という解決に持ってゆこうとしたわけです。それよりも、簡単に「どうぞお先に」と言えば、済んだことだったかもしれません。たとえ相手の態度が悪かったとしても、それには取り合わず、「どうぞお先に」を繰り返せば、相手も文句は言えないはずです。この場合には、相手の気持ちは、誤差の範囲に入れて処理してしまうことができます。しかし相手を無視しているわけではありません。むしろ、相手の感情に踏み込み過ぎないのが、グローバルスタンダードです。感情は個人情報で、プライバシーに属します。名前と同じように、知らなければ困りますが、要求することはできないのです。とくにハンバーガーの店などでは、そこで相手の名前を訊いたりしないのと同じように、相手の気持ちに踏み込み過ぎてはいけないのです。

感情には踏み込まないで

相手の気持ちに踏み込まないためには、英語でも、インタラクションを日本語のように、一ラウンドで完結させたりするケースがあります。少し一般化して言えば、一ラウンド型のインタラクションは、相手に踏み込まないときに使われると、考えることができるでしょう。日本語は相手の感情に踏み込まないことが前提となっている、とも言えます。

例えば、「どうぞお先に」は、直訳的には、

Please, go ahead (of me).

ですが、もっと簡単に、

After you.

と言うほうが明確で丁寧です。意味的には、「I am after you.」ですから、「私が、あなたの後です」となって、日本語の「どうぞ、お先に」とそっくりです。ここにおいては、相手が、

Thank you.

と言うことは、日本語と同じように初めから期待されており、インタラクションはそこで

完結します。

勝ちを導く一般論

しかし、先ほどもお話ししたとおり、英語では、酒の席でなくても、突っ込んで分析的な会話をすることができます。踏み込まれたくない感情のレベルを超えて、会話をすることができるのです。注意したいのは、ここでの、「感情を超える」ということは、けっして、感情を抑圧するということではないということです。自分にも相手にも、感情があることを知りながら、そこから一般論に行くことで、二人の間に橋を架けるのです。そうすることで、相手の感情には踏み込まず、自分の感情を踏まえながら、対話を展開することができるのが、英語なのです。

当然ながら、一般論による橋は、感情よりも抽象的です。そして、この場合の一般論を引き受けるものこそが「it」です。一般論という意味で、この「it」は、個別的・具体的なものではなく、抽象的なものとなります。そこでは、具体的・個別的なことがらを概念化し、提示することが求められているのです。少々大げさな例を挙げれば、木からリンゴが落ちるところにヒントを得て、それを世界中で落下する事物一般に敷衍し、万有引力という概念を導きだしたニュートンと同じことが、常に要求されているとも言えるかもしれません。英語文化の発話者は、対話の相手にこれを期待しています。教養のある親は、家庭でも子供にこれを教えるのです。

田中さんは、

I said sorry. I did not mean it.

と言ってしまったのですから、この場合の「it」が指している「I said sorry.」は、対話者の間では一般化されていると考え、共有されていることを前提として発話されなければならないものです。ですから、相手のアメリカ人女性が、「さっきは謝ったけれど、そのつもりじゃなかった」と聞いてしまったのは、誤解とはいえ、自然の成り行きです。繰り返しになりますが、田中さんは、抽象的な「it」を用いるのではなく、

I said sorry. I did not mean to go ahead of you.（さっき謝りました。横入りするつもりは

まったくなかったのです。）

と、具体的に言わなくてはならなかったのです。

このように英語では、具体的な表現と、抽象的な一般化を、上手に使い分けなくてはなりません。これを言葉のボールに乗せて、二人以上の話者の間で投げ合うのが、インタラクションです。このように、インタラクションのある会話のことを、英語文化では対話と言うのです。

インタラクションは教育のかなめ

今はだいぶ変わってしまいましたが、有名なオックスフォード大学の個人指導では、トップレベルのインタラクションを、学ぶことができます。オックスフォードを初めて訪れたときのことです。人に紹介されて、当時もっとも有名な人類学者を訪問したのですが、初対面のわたくしに、その教授が言うのです。「日本に関する本はたくさん読んだが、幽玄ということが分からない。あなたはどう思うかね」。この教授がたくさん（many）と言うときには、本当にたくさんなのです。知識を訊いているわけではないので、自分の考えを率直に言いました。「幽玄とは、自分の内面が、永遠のかなたにまで続いていることです」。その場では、このぐらいしか思いつかなかったのですけれども。

するとの今度は、さりげない調子で、「色は何色だろう」と訊いてきます。わたくしは、幽玄をイメージしながら、「暗い（dark）」と答えました。このやりとりを気に入ってくれたようで、どうやら最初の面接はパスできて、その後、オックスフォードに滞在した何年かの間、教授に個人指導を受けることができました。毎週一回、日曜日の教会の後で、昼食をしながら、話をしてくれます。昼食をしながらとはいっても、向こうは何も食べずに、ドリンクのみで、しかしわたくしにはランチの軽食などを食べさせるのです。食べている間にも、話は続きます。

会食の最初はいつも、その日に聞いた教会の説教の内容を報告させられました。説教といっても、オックスフォードの大学教会では、ほとんど聖書の話はなくて、説教者は、有名な、また新進気鋭の若手神学者や哲学者で、分かりやすいけれど、けっして本当に分かったと言い切れない深さがあります。報告の仕方によって、私自身の深さも、知性も、人格もすべて、分かってしまうことになります。

しかも教授は、わたくしが食べている間は、自分がしゃべっているのですが、呑み込む直前に質問を投げかけてきます。こちらはすぐさま、答えなくてはなりません。答えられずにもたもたしていると、急に話が変わって、「ところで、息子さんはお元気ですか。」と、来るのです。

こういう日は、インタラクションのレベルには、達していなかったことになるというわけでした。

相手を読むのは最初の一手

お会いするのは、一週間に一回、一時間だけなのに、ぐったりと疲れました。とにかくテンポが速い。しかも深い話を、さわりだけ、ポンポン投げてきて、それに即答しなくてはなりません。できなければまた、「ところで、息子さんは……」となるのです。月曜日はぐったりして何もできませんでした。最初のうちは、回復するのにまる五日もかかり、やっと元気が出たと思うと、もう土曜日で、明日はまた個人指導です。しかしそのうちに慣れてきて、あまり疲れなくなりました。

そのころになって、やっとあることが理解できたのです。これもオックスフォードに来て当初に気づいたことだったのですが、ある若手講師は、わたくしが何を言っても、文章の終わりを先回りして締めくくるのでした。しかも、今まさに言おうとしている言葉を、先回りしてすらっと言うのです。そのころはどうして、そんなことが可能なのか分かりませんでしたが、教授の指導を受けてからは腑に落ちました。こんな個人指導を何年も続けて受ければ、相手が言うことはたいてい先に、分かってしまうのも当然なのです。ふつうの人は、たいてい、ふつうのことしか言わないものですから。

アジアのリーダーたちは、何代も前から、こういうところで教育を受けています。実際に、オックスフォードの大学院は、海外からの留学生の方が、イギリス人の学生よりも多いのです。そのうえ、インドやシンガポールのような英語圏の大学は、オックスフォードだけでなく、欧米の大学と地続きになっています。こういう人たちが、アジアでもトップのリーダーであり、トップの教育者なのです。この人たちにとっては、言語とは、そのまま人なのです。生身の人とインタラクションができない言語は、言語ではなく、たんなる記号に過ぎません。わたくし達が、海外に出れば、英語を通じて出会う人たちは、直接間接に、こういう教育を受けている人たちなのです。相手を読むのは、初歩的作業です。その先で、人として相手に、出会わなくてはなりません。

日本はすでに、グローバル社会に深くコミットしています。多様性におじず、場を見極め、人と対等に交わるためには、今の学校英語を、インタラクティブな実践英語に、転換する必要があります。学校英語を捨てるのではなく、それを最大限生かし、不足分を補って、実践英語に転換する。現場で、実際やってみれば、案外楽しく、それは可能だと分かります。これはもちろん、国家的な課題ですが、英語実践の現場では、個人の仕事となるのです。ここが、どこまでも内向きで、グローバル社会に出てゆくことができない、集団主義者の盲点でもあるのです。

第2章

共通の基盤を発話で作る

インタラクションはグローバルスタンダード

言語とは文章です。日本語は、イメージを重ねてゆく感性的な言語です。一方で英語は、はっきりと決められた文法や語法によって、文章を構造化してゆきます。とても分析的な言語です。日本語とは反対に、むしろイメージを削ぎ落すことで、整理してゆくのが英語です。発話の文脈の中で、事実関係を的確に提示することが求められます。誰が、誰に向かって、何を、どのように、発話しているか、明確に提示することができます。そのため英語では、主語と目的語も明らかです。そのうえで、動詞がこの二者をきっちりと結びつけます。文法全体が、的確な事実関係の発話を助けてくれるように出来ています。とても明晰です。日本語では許され、むしろ推奨さえされるかのような、あいまいな幽玄さで処理することは、けっして許されません。

グローバル社会に出帆すれば、欧米トップ大学のＭＢＡ（経営学修士）を持つライバルが、英語の分析力を駆使して、たくみに論理を構築しながら、会議やネゴシエーションをリードしてきます。このようなときに、イメージによる直観だけでは、受けて立つことができません。求められるのは気分や状況によって揺らぐ、その場限りの共感や嘆願ではなく、どんな場面でもぶれることのない、厳然とした事実による説得です。しかもグローバル社会の最先端では、論理性や分析力に加えて、さらに直観が見直され、全員が感受性を磨く努力さえしています。これもすでにグローバルスタンダードの一つとなっています。

相手が、先端パラダイムのチャンピオンで、すぐれた直観を兼ね備えている場合には、出会いは衝撃的です。ある大手電機機器メーカーのトップによれば、たとえ中国市場であっても、ライバルは欧米のメーカーだから、会議では、中国人の前で欧米のライバルと、英語で議論して勝たなくてはならないというのです。さらに、こういう人材を積極的に作り出そうとする教育や文化との出会いも、同じように衝撃的です。これがカルチャーショックとして、体験されるのです。

しかし、そうであれば答えはあります。はじめから、事実関係の提示能力獲得を視野に据えて、英語を学習すればよいのです。知識の習得は、コロンブスの卵です。分かってしまえば、なにも難しいことはありません。やみくもに掛かるので、難しくなってしまうのです。自分で難しくしているのだとさえ言えます。どのような場であっても、キーワードは事実性です。事実関係を提示するには、論理性と分析力は必須条件なのだと肝に銘じましょう。加えて直観力があれば、鬼に金棒です。英語の論理性と分析力が、イメージの言語である日本語の直観力と、補完的に生きてくるような英語学習にすればよいのです。それがバイリンガルのほんとうのメリットです。日本語を捨てることで、英語に移行するのではなく、日本語を捨てずに、英語をも習得するのです。だからこそ、英語的な論理と分析を学び、英語で考えるスキルを学ぶことが、遠回りのようで、実は近道となるのです。

どこかが通じていないけれど、どこ？

学校英語を生かしたまま、実践英語に転換するにはどうしたらよいか？　ここには長く複雑な試行錯誤がありました。わたくしの英語学習自体、学校英語から始まって、どこか違う、どこか通じていない、と思いながら、これらの「どこか」を次々と発見してきた過

程にほかならないとも言えます。初期のころの、いちばん簡単な失敗の実例を挙げれば、

What can I do?（どうしたらいいかなあ?）

があります。この文章は、実は英語としてはあいまいです。下線部分に注目してほしいのですが、より明確な文章としては、

What can I do about it?（それは僕にはどうにもならないよ）

と、

What can I do for you?（なにか僕にしてあげられることはありますか?）

という、二つ場合が可能で、これらは互いに意味は正反対になります。日本語経由で習得された英語では、日本語どおりの自然な表現は、「What can I do?（どうしたらいいかな

あ?)」となって、英語では必須な下線部分が抜けてしまっていたのでした。

実は今でも、これと似たミスをうっかりやってしまうことがあります。田中さんのハンバーガーと似ています。しかし今は、さすがに言ったすぐ後に、「しまった」と気がつくので、すぐに下線部分を加えた文章を、追っかけて発話して事なきを得るのです。やれやれです。

英語は、伝えたい内容は何なのか、相手に向かって明確に発話しなければいけません。だから、右の例の下線部分は、発話者が言わなくてはいけない。相手に発話の意味を、考えさせるのではダメなのです。相手が考えるのは、発話について、Yes(同意)かNo(拒否)かについてであるべきなのです。

ネイティブの親がいないので

このように、ボストンでの田中さんの経験は、実は誰もがしています。ただ、分かっていないという事実が、なかなか分からないのです。しかし、分からないということが分かれば、その時点で、分かるようになるのはすでに時間の問題です。ソクラテスの「無知の知」です。しかし、ここで分かるまで突き詰めることが、実際は難しい。心理的にもつらいのです。でも、ここを短縮できれば、猛スピードで英語を習得できるはず……。だったらどうするか？

自分で突き詰めるのが難しいのなら、第三者が分からせてあげれば良いのです。これは、親から言語を習うときには、親がやってくれることです。ボストンの田中さんにしても、もし彼が子供で、親と一緒でというシチュエーションであったのなら、ハンバーガーショップの出来事について、正しい英語と場の説明が、親からすぐにされていたことでしょう。「この場合はね……」と親が教えてくれるのです。しかし、第二言語習得においては、その親がいないのですから、誰かがそれを教えなければいけない。皆さんにとってはこの本がその役にたってほしいと思います。

企業現場でここまで話せていたら

こんなことを考えているうちに、わたくしは英語塾まで作ってしまいました。ＮＰＯ法人の理事で、ＮＥＣの技術文化を作った方に「僕の若いころに、こんなカリキュラムがあったら、僕の人生は変わっただろう」と、まだ試作品だった英語カリキュラムについて、おだてられたことも確かにその一因でした。NECがスポンサーになって、プリンストン大学に作った研究所の所長を、十年もしていた人からそう言われたのですから。プリンストン滞在中に、自分の英語はなにか一つ欠けていると、いつも思っていたということですが、その「なにか一つ」は最前線に十年いても分からなかったわけですから、コロンブスの卵はやはりなかなか難しい課題であることが、この例からも分かります。

英語塾にする前には、大学の元ゼミ生に、無料で教えていたのですが、その人たちは、わたくしの喜ぶことしか言いません。そこで、ほんとうの塾で、お金を払ってくれる人に、その対価として提供することに決めたのです。それでも最初は、原価しか取りませんでした。自信が無かったからではなく、テスト時代だと自己限定したからです。

抽象は難しい?

これ以前に大学で人類学を教えていたときには、(自分で言うのはなんですが) 人気教授でもあったし、カリスマ教師とも言われていました。そのため、一年生と二年生を対象とするクラスは満員で、階段教室の床に直かに座っていた学生が、酸欠を起こしたことがありました（本当の話です）。

しかしながら、より少人数で一人ひとりと向きあう必要のある上級生のゼミとなると、事情はがらっと変わったのです。問題点はまさに、学生に抽象能力が欠如していることでした。事例の記述ができないばかりか、そこから一般論を引き出すことなど、とんでもなく高尚なことで、「僕たち、先生の授業に値するのでしょうか」などと、言い出す始末です（これも本当の話です）。

そこで、とくに大学院生には一対一で、オックスフォード流のインタラクションとともに抽象について教えた上で、オックスフォードに一年間、留学に送り出すことにしました。これは本当に、手間がかかりました。しかしこの時に、一年間手を取って教えた学生と、そうでない学生との間の違いは、留学の期間をとおして、はっきり出たと思っています。やはり誰かがきちんと分からせてあげなければいけないのです。

難しいということには、二つあります。複雑すぎて分からない場合が一つ。全く新しいので分からない場合が一つです。複雑すぎて見通せない場合には、要素に分解して、要素間の関係を見極めます。これを分析と言います。何度も言いますが、英語は分析に向いています。英語でするほうが、ずっとやりやすいのです。けれども、新しくて分からない場合には、分析しても始まりません。

新しい事には早く慣れよう

抽象が難しいのは、日本語が具体に向かう言語だからです。日本語の話者のわたくし達は、いつも具体と向き合っています。イメージが湧くときに、共感し、納得するのです。だから、相手の言葉が理解できないときに、「あなたの言うことはよく分からないから、もっと具体的に言って欲しい」と求めます。「もっと抽象化して欲しい」と言う人は、いません。しかし英語では、こういう場合には、具体例を出すとともに、抽象的にびしりと一般原理に持ってゆきます。具体と抽象の両方を出すのです。この説明が難しいと思うなら、抽象に早く慣れることです。英語には、こういう事例はどこにもあります。これをすると、英語にも早く慣れるし、抽象にも早く慣れることができます。とにかく、慣れることです。

ただし、同僚の教授の間では、わたくしはいつも学生と、お茶を飲んでだべっているという評判が立ちました。オックスフォードの教授にランチを食べさせてもらった経験を生かして、少しでもインラタクションに慣れてくれればと、ランチの代わりに、研究室で一緒にお茶を飲んだだけだったのですが……。

大学より塾で誰にも

英語塾の課題は、人の思索の力、考えるスキルを、英語学習に組み込んで教えることです。わたくし自身も、こちらのほうがずっと楽しんで教えられます。もちろんカリキュラムは、具体と抽象を駆使できる人が、作らなくてはなりません。塾では、ネイティブなら親がしてくれることを講師がしてくれます。このため、講師の養成が必須ですが、これが現実にはなかなか難しい。近年は、なにがなんでもネイティブに教わるべきだ、というような風潮もありますが、すべての親が子供に対して、賢いとは言えないように、すべてのネイティブが非ネイティブに対して、親代わりになれるわけではないのです。むしろ、学校英語から始まって、苦労の最中の日本人のほうが、教えることには優れている場合も多い。これはどこまでも強調すべき事実です。

さて、このようにして英語教育を実施していく中で、今ではインタラクションの全プロセスを、五日間の海外夏季研修で、駆け抜けることができるまでになりました。このカリキュラムでは、つききりで対応するために、参加者は人数限定となります。これから、具体的なサンプルを参照しながら、英語のインタラクションの実践的学習とはどういうものか、見ていくことにしましょう。これはわたくしの英語学校での実践の報告ですが、注意点さえしっかりと押さえておけば、皆さんで応用して、自習することも不可能ではありません。

夏季研修は五日で突破

ここでのサンプルは、とある年に行ったボストンでの夏季研修です。参加者は全部で三名、三十歳の会社員の渡邊君のほか、二名は女性でした。全員にドラマがあるのですが、渡邊君はいろいろと言ってくれるので、分かりやすい生徒さんでした。ですので、ここでは渡邊君にスポットライトを当てて見ていきます。

お伝えしたとおり、研修期間は五日間なのですが、忙しい社会人には、休暇はこれがぎりぎりのところだと思います。ボストンを場所として選んだのは、そこで話されている英語が、TOEIC の英語に近いからという理由もありました。そのほかにも、ボストンは都会としては保守的ですが、近郊にはボストン大学やハーバード大学など、大学がたくさんあり、アメリカの教育の中心地の一つでもあって、英語の先生のレベルも抜群なのです。全体が地下鉄で結ばれているから、週間パスを買っておけば、乗り放題で、どこにでも行くことができます。これも便利です。

ルールを守る能力

学習システムはシンプルです。アメリカでは現地に到着すると、空港からホテルには、ふつうはタクシーで移動するのですが、ボストンは地下鉄網が張り巡らされているので、移動に電車が使えます。自動販売機でお得な週間パスを購入し、スーツケースを引きながら、まず全員が現地の地下鉄を経験します。その日の残りは、自由行動です。すでに地下鉄は経験済みなので、地下鉄で移動しながら、どこで何をしても自由です。ただ、そのときに、乗ってよい路線と、乗ってはいけない路線とが、指示されます。なぜか？　ルールの実践を学習することが、ここでの目的です。指示がルールとして受け止められているか、たんなる情報となってしまっているかを見るのです。できたかどうかは、次の朝のミーティングで確認します。

言葉にすると、物足りないほど簡単なことですが、自分の文化の外でルールを守るのは、意外と難しいものなのです。グローバル社会では、旅の恥はかき捨てではありません。郷に入れば郷に従えで、郷には郷のルールがあります。それに従わなくてはなりません。郷では、自分の文化の中のように、ルールは必ずしも、自明のものではありません。郷のルールを積極的に、発見する必要さえあります。努力すれば、最初は見えなかったものが、見えるようになります。この発見能力はいまや、グローバルスタンダードでさえあるのです。

ところが、なのです。今までの経験では、やってはいけないというと、それをする参加者が何人も出てくるのです。例えば、アメリカでは道を隔てて、街の雰囲気がまったく違うことがよくあります。通りのこちら側は安全ですが、向こう側は人通りもなく、危険だから、絶対に道を渡ってはいけない、と指示を出したときのことですが、なぜか一人姿が見えないのです。気がつくと、道の向こう側に立っています。手招きして、帰ってきてもらったのですが、なぜと訊いても答えがありません。「わかりません」を繰り返すばかりです。ルールというものが何も分かっていません。

洗練という自動装置を出るには

自分の文化の中では、ルールを具体に応用することは、ほとんど自動的に行われます。これをふつう、洗練と言います。例えば、作法という文化的ルールを、意識しないでも常に実践できている人は、洗練された人です。しかし不便なことに、自動的なルールは、自分の文化という自動装置の外では、応用が利かないのです。日本での作法が海外では無作法となることは稀ではありません。卑近な例では、先日テレビで観たのですが、日本では高級魚のアンコウが中国ではゴミ扱いだそうです。たとえ物理的には同じものであったとしても、異文化ではまったく別のものと見なさなければならない。中国からの客人をアンコウ鍋で接待してもあまり喜んでくれないかもしれません。

だからこそ、自分の文化の外では、個々の具体を自分自身で分析し、抽象化して、そこで作動している装置の姿を見出してゆかねばならないのです。これが、自分を失わない、異文化対応の第一歩なのですが、初めには、これは自分ではなかなかできません。ですので、カリキュラムとしてまずは経験してもらうのです。アメリカの都市としては比較的安全なボストンの地下鉄とはいえ、日本の地下鉄の感覚で乗っては危険です。日本では寝台がわりの電車のシートも、異文化ではそうでないのは容易に想像がつくはずです。乗ってはいけない路線には乗らない、というルールを守るということは、今居るのは異文化の場所だということをちゃんと理解しているということの証明に他なりません。これができることが、第一歩です。

現場で発話

海外研修の初めには、カフェに行ってもらい、そこでコーヒーを飲んできてもらうことにしています。このときも、すでに前日の自由時間に、あたりをつけておくように言ってあったので、誰も迷わず、それぞれ自分の選んだカフェを目指します。

渡邊君は第一日目には、誰よりも苦労したように見えました。カフェでのやりとりも、さんざんだったようです。しかし、この研修でインタラクティブな英語カリキュラムを学習していくうちに、それこそとつぜんと言えるほど、適応できるようになっていったのも渡邊君でした。

この時は、息子の友人（アメリカ人男性、三十歳前後、ＭＩＴ(3)卒業）と昼食をとる機会を設けました。以下はそのときの会話です。そこでの会話を、各自直後にまとめるよう指示しておいたのです。渡邊君のまとめは、以下の通りです。

アメリカ人男性　Taki, What do you do?
渡邊　I am a system engineer.
アメリカ人男性　I see. What system?
渡邊　Software.
アメリカ人男性　I worked at software company. How many years did you do programming?
渡邊　About five years.
アメリカ人男性　I see. What kind of system do you do?
渡邊　ERP system.
アメリカ人男性　What does it mean?

渡邊　Enterprise resource planning. It is a kind of accounting system.
アメリカ人男性　Accounting system. I'm studying to become accountant.
渡邊　（うなずく）

受け取ってすぐに、待機している別のアメリカ人ネイティブにメール転送して、添削してもらいます。アメリカ人でも、なに人でも、添削の才能というものは特別です。持っている人と、持っていない人とは、はっきりと結果が違います（だから、ネイティブだからよい、ということではないのです。念のため）。アメリカ人男性の会話部分はそのままにして、渡邊君の部分の添削だけをするよう、あらかじめ頼んでありました。

通じる英語はインタラクティブ

添削者からはすぐに、以下の添削が返ってきました。コメントが付いています。「相手は質問だけ、自分は答えるだけでは、英語のやりとりになじまないので、自分から相手にも、質問するように」という内容でした。たんなる問答では、インタラクションになっていないということです。添削者からのコメントを（　）に入れて表示し、加筆訂正部分を下線で示すと、次のようになります。最初の二行は、

アメリカ人男性　Taki, What do you do?

渡邊　I am a system engineer.

↓

アメリカ人男性　Taki, What do you do?

渡邊　I am a system engineer. What do you do?（と、相手に同じ内容を聞き返す。）

文章で発話する

相手の文章は、渡邊君が正しく聞き取れてはいなかった可能性もありますが、変更しないようにお願いしていたとおり、渡邊君の部分のみ、加筆訂正してあります。続く二行は、

アメリカ人男性　I see. What system?

渡邊　Software.

アメリカ人男性　←　I see. What system?

渡邊　I work in software.

相手が単語でなく、文章（complete sentence）で話しかけてくるときには、自分も文章（complete sentence）で答えます。これは基本的な礼儀です。ここでも単語を並べるだけでよいと考えてしまうと、意図せずに誤解を作り出す可能性があることに気づきます。全くその気がない場合にも、相手を人間扱いしていない、差別的だ、と誤解されることとさえ考えられるのです。

だからこその一般法則

自分には動機がなくても、第三者からは、そう見えることもあります。英語文化では、陪審員が判決を下すのと同じ理由で、利害関係のない第三者の意見が尊重されます。唐突に思えるかもしれませんが、だからこそここに、一般ルールの必要性があるのです。一般化すれば、必ず第三者がそこに含まれることになるからです。英語は、相手の身になるだけでなく、そこから始まって、第三者の立場から一般化しようとする言語なのです。相手の身になることが、ゴールではなく、出発点なのです。この一般化に抽象能力が必要であり、また主語と目的語を動詞で、的確につなぐことが必要となるのです。

続く六つの文章も同様に考えてください。

アメリカ人男性　I worked at software company. How many years did you do programming?

渡邊　About five years.

アメリカ人男性　I see. What kind of system do you do?

渡邊　ERP system.

アメリカ人男性　What does it mean?

渡邊　Enterprise resource planning. It is a kind of accounting system.

↓

アメリカ人男性　I worked at software company. How many years did you do programming?

渡邊　I've been working about five years now.（4）

アメリカ人男性　I see. What kind of system do you do?

渡邊　We have an ERP system.

アメリカ人男性　What does it mean?

渡邊　It means "enterprise resource planning." It is a kind of accounting system.

共通の基盤を提示する

相手のアメリカ人は、上手に会話をリードしてくれます。添削者は、それに対して、簡潔に、しかも行き届いたあいづちの打ち方を教えてくれています。

アメリカ人男性　Accounting system. I'm studying to become accountant.

渡邊　（うなずく）

←

アメリカ人男性　Accounting system. I'm studying to become accountant.

渡邊　I see. We have a lot in common.（と、きちんとした文章のかたちであいづちを打つ）

アメリカ人男性の文章は、添削されないので、添削後の会話は少々ぎこちなく感じます。添削後の、渡邊君発話パートの文章が良いので、ネイティブ男性の部分が見劣りしてみえますが、それでも、相手には手を付けてはいけません。相手は「他者」であり、であれば、そこはけっして「私」がどうこうできる部分ではないからです。

さて、最後の部分で、渡邊君は、

I see. We have a lot in common.

と言うべきだと、添削者が提案しています。ふつうはここで「Yes」とか、「Oh, yeah?」とか言いがちです。これらのあいづちでは、共通の基盤が提示されることはありません。しかも言い方によっては、不信感の表明とさえ取られかねない場合があります。英語では、共通の理解が成立していない場合には、田中さんのハンバーガーの事例にもあったように、はっきりと具体的な内容を発話しなくてはならないのでした。渡邊君の場合には、添削の結果、具体的な内容の発話が、共通の基盤の提示となっています。とても良い感じになりました。Excellent！

大人の英語は通じる

これで、インタラクティブになりました。渡邊君のほうから、共通の基盤を提示しています。たんにあいづちを打てば良いと考えると、「Yes」を連発して終わってしまいます。この添削では、渡邊君の元の文章から、ほんの少し変わっているだけで、大人の英語になりました。しかも通じる英語です。対話したいという意志も、人間として対等でありたいという意思も、添削後ははっきりと通じる仕方で、提示されています。これがグローバルスタンダードを、英語を通じて実践するということなのです。英語を学ぼうとするあまり、言語に集中しすぎると、相手を忘れてしまいます。英語は完璧でも、冷たく、木で鼻を括ったような文章になってしまいます。これは、英語でも、日本語でも、同じことです。ネイティブ講師が、文法を気にしすぎることなく、とにかく発話しなさいと強調するのは、ここに理由があります。しかしそれでは、いつまでたっても「大人の英語」に到達できません。これもまた問題です。良い添削者は、この二つの問題が、同時発生することをよく知っています。

このケースの添削では、事実的な内容は、添削前も添削後も、全く変わりません。文法的な難易度さえも変わっていません。強いて言えば、単語を並べることから、文章に変わったことかもしれませんが、この程度の文章は、高校時代に学習しているものです。けっして難しくありません。しかしこの程度とばかにしてはいけません。英語では、主語と目的語を動詞で的確に結ぶことで、事実関係を的確に提示できるのです。

僕、変わらなくては！

このあたりのことを具体的な変更個所ごとに、生徒さんに詳しく説明してゆくのですが、渡邊君は変更点やそこへの説明に、いちいちショックを受けています。はっきり顔に出るぐらいで、二日目の夜には緊張のせいか、はたから見ていると、少し貧血したかのような顔つきになってしまいました。ところが、行きついたところは明快でした。結局のところ、彼はめげてしまうことなく、きっぱりと、宣言したのです。

僕、変わらなくては！

自分が知らなかったということを知る、ということ。知ったからには変わるんだ、という決意。その夜のわたくしは、眠れないぐらい興奮していました。年月をかけて準備した研修システムの結果が、明日出る、それもこんな超特急で、と思うと、眠れなかったのです。同時に、人はそんなに、短期間で自己変革できるものではない、という気持ちも湧いてきます。しかし心配をよそに、彼は変わったのです。三日目にはすっかり落ち着いて、別人のように研修をこなしてくれました。コロンブスの卵は、気づいてさえしまえば、やはり決して難しいことではないのです。対話をすること、人と対等に向き合おうとすることと、その前提は「私」の確立です。相手にしなやかに向き合い、しかも日和見にならない、柔軟で、同時に一貫性のある「私」。渡邊君はそのきっかけを見事につかんだのでした。そのきっかけこそ、主語（「私」）と目的語（相手または「私」の外の世界）を、動詞で的確に結ぶことにあったのです。

ほんとうならこう聞こえる

すでにお気づきとは思いますが、渡邊君には、ネイティブの相手の文章が、正しく聞き取れていません。でも誰でもここから始まります。聞き取れるようにするには、耳そのものの訓練ではなく、「意味を聞く」訓練が必要です。

最初の

アメリカ人男性　Taki, What do you do?

の次のやりとりで、渡邊君が、

渡邊　I am a system engineer.

と答えると、相手の男性は、素直に、

アメリカ人男性　I see. What system?

と、訊いてくるようになっていますが、実際には、システムエンジニアという職業はアメリカにはありません。ソフトウェアエンジニア（Software engineer）かネットワークアドミニストレーター（Network administrator）が、妥当なところです。ですから、アメリカ人男性の反応としては、え？何のシステム？と、訊き返すかたちになるのが正解です。次に示すように、正しい文章では、「is it」とともに、「！」を最後に加えるだけですが、雰囲気は大分変わります。

アメリカ人男性　I see. What system is it?!

これに対する渡邉君の答えは、添削前が、

渡邉　Software.

で、添削後は、

渡邊　I work in software.

ですが、この答えに対してのアメリカ人男性の文章は、渡邊君が正しく聞き取れていれば、どちらの場合も、

アメリカ人男性　I worked at a software company. How many years have you been programming?

となっていたはずです。これが聞き取れるようでなくてはいけません。

仕上げは帰国してから

この事情が理解できれば、あとは帰国してからも、続けることができます。渡邊君に聞

こえていたはずの英文は、次のようになるでしょう。

アメリカ人男性　I see. What kind of software is it?!
アメリカ人男性　What is that?
アメリカ人男性　An accounting system? I'm studying to become an accountant.

これらの相手の文章が、正しく聞き取れるまで、意味を聞く演習を続けます。繰り返しになりますが、聞き取れるようにするには、耳そのものの訓練ではなく、「意味を聞く」訓練が必要です。それを英語学習の初めから、カリキュラムに組み込んでおくことが、必要です。教授法のポイントは、この「意味を聞く」訓練だけを、独立させて演習しないことです。必ず全体の中で、正しく位置づけすることが求められます。受講生の熱意は必須ですが、それだけでは効果は上がりません。全体を見渡して、カリキュラムが正しく組まれていなくてはならないのです。

ハリケーン襲来、どうする?!

ところで、この回の研修では、例外的な番狂わせがあったのです。ハリケーンの襲来です。

まだ遠く、マイアミ沖に発生当時から、超大型ハリケーンだとして、テレビで連日トップニュースになっていました。ハリケーンは、実質的には台風と同じ気象現象です。自分一人だったら、それほどあわてはしなかったと思います。友人の家に、緊急避難することもできました。しかし、研修生を三人もつれていては、ごやっかいになるわけにゆきません。ホテルが川岸にあったことは、少し不安でした、それよりもなによりも、ハリケーンに慣れないアメリカ人のパニックの可能性のほうが怖かったのです。ホテルの従業員の行動が予測できないので、ハリケーンの間に食堂が開いているかどうか、とくに心配でした。水はペットボトルで、十分備蓄できるかもしれませんが、食べ物は分かりません。仕方がありません。五日間の研修だったのですが、一日早く帰国することにしました。

さて、しかし、どこで飛行機の予約変更を、してもらえるかが分かりません。航空会社に電話してみると、のんびりとした声で、まだ来るかどうか分からないから、変更しないでいいよ、と言われてしまいました。あの災害ハリケーンのカトリーナのときが思い出されました。警報が発令されたときには、すでに逃げようがなかったのです。

そこで、親しい友人に電話しました。すると返ってきた答えは、予想と全然違っていたのです。ハリケーンは絶対にここに来るのだから、航空会社にすぐ電話して、予約の変更をしなくてはいけないと言うのです。そこで、荷物を全部持って、空港に直接行き、カウンターで予約変更と発券をしてもらうつもりだと言いますと、彼女の声がきつくなって、それは絶対だめだと断言します。空港には、危機管理のカウンターなんかないわよ、ときっぱり言われてしまいました。それで今の電話の応対のことを言うと、きちんと対応できる人に当たるまで、何度でも電話しなくてはならない、とのこと。しかも、空港には絶対行くな、との念の押されようです。

電話での緊急会話

そこで、同じ航空会社の同じ電話番号に再度電話してみました。すると、自動音声で、そのままお待ちください。待ち時間は、八分です。

と言います。こういう緊急時に電話口で、つながるのを待つ八分は、ひどく長く感じます。しかもやっとつながっても、前のときと何も変わらない、要領を得ない返事でした。そのときにドアがノックされて、研修生が入ってきました。先ほど呼び集めておいたのです。そこでまた電話を切って、皆さんに状況を説明し、一日早く帰国することの了解を得ました。

あらためて電話を掛け直すと、音声が今度は、

そのままお待ちください。待ち時間は、二十三分です。

と、今度は二十三分になってしまっています。電話が殺到し始めたに違いありません。選択の余地はなかったので、全員で交代しながら、電話がつながるのを待ちました。こんな状況の中でも、実にアメリカだと思ったのは、きっちり二十三分で電話がつながったこと

です。つながると今度の担当者は、全然問題なく、すらすらと一日早い便に切り替えてくれました。受講生たちも同じ航空会社だったので、そのまま同じ担当者に予約を変更してもらえました。ただし、本人が電話に出ないといけないというのです。

必死の英会話

そこで一人ひとり対応しましたが、みんなわたくしの会話を上手に真似して、英語もすらすらと発話しています。もちろん声の調子で、必死だということはよく分かります。このとき、人はいざとなるとできるものだ、とつくづく思いました。四日前に、ここに来たときには、ほとんど発話できなかったのに、今は、通じる英語で発話できています。緊急避難さえ、立派にやっています。わたくしの会話の真似だとしても、真似の仕方が実に上手になっています。個性さえ感じます。みんな、通じる英語を、耳から学ぶコツを体得したというわけです。ハリケーンが仕上げになったのでした。

こうしてハリケーンの顛末をお話ししたのは、生徒さんたちの急成長ぶりを目《ま》のあたりにして、やはり語学の習得にはモチベーションが第一条件だ、ということを強く認識したからです。英語の難易度よりも、その人にとっての重要度のほうがすべてに先行するのだと思います。だから、仕事が第一の人は、仕事の英語から入るのが、ベストですし、音楽が大好きな人ならば、音楽の英語から入るべきなのです。それが近道だということを、ここで再確認しておきましょう。そのうえで、第二が良いカリキュラムです。この二つは、必須です。

脱出成功

明け方の五時に、タクシーを呼び、まだまだ静かな街中を、空港に向かいました。空港に行ってみて、現地の友人のアドバイスの的確さが、あらためて理解できました。朝が早すぎて、空港にはほとんど従業員の姿はなく、しばらく待ってから、平常どおりチェックインのためのカウンターが開いただけで、とくに緊急対応の様子もありません。乗客の姿も、まだ、ひどく多いわけでもありません。列に並んで、待っているうちに、若いアジア人の女性に話しかけられました。ベールのように、スカーフをかぶっています。航空券の予約を今日の飛行機に変更したいのだが、どこに行けばよいのかと訊いてきます。空港では、予約変更は発券カウンターが開くまでできないから、電話するほかはないと、アメリカ人の友人にアドバイスされたことを、そのまま言いますと、若い女性は目に涙を浮かべて、なんとかしてくれと言うのです。もちろん何とかしてあげたい気持ちでした。こちらだって、現地の友人の親身なアドバイスがなければ、いまごろはこの女性と同じ立場にあったかもしれないと思えば、他人ごとではないのです。

そこにその女性の夫（と思われる人物）が登場し、向こうに行こうという身振りをしました。こちらを怖い顔でにらんだような気がしたのですが、後から考えれば、顔がこわばっていて、こちらを向いたときには怖い表情になっていただけだったのかもしれません。このあたりは、分からないので、分からないことを分析したりしません。こんな緊急時に、人の感情を考えていても、何も解決しないと思うからです。

ともあれ、現地の友人のアドバイスがあって、ほんとうに良かったと思います。不安にかられて行動すると、自分の文化の中でやっていたことが、目の前で起こっていることとイメージの中でつながってしまい、自動的に類似の行動に走ってしまう、ということはおそらくあるのです。その結果、注意があったのにもかかわらず、なぜか道の向こう側に立っていた、ということにもなるのでしょう。ここでのイメージのつながりはとても短絡的なので、はたから見ても分からないだけでなく、自分でも理解できません。そしてそのせいで、大げさでなく、命を落としてしまうことだってあり得るのです。

いずれにしても、持つべきものは信頼できる現地の友人です。これこそが、グローバルなネットワーク社会で、成功する秘訣の一つでもあります。友人を作るコツは、人に優越するコツとは違います。「良く生きることで勝つ」という、ギリシャの昔からの理想は、現代のグローバル社会であらためて、実践的な意味を持つのではないでしょうか。

第3章

創造は事実からはじまる

事実関係の提示能力

グローバル社会は、多様性に富んでいます。しかし最初は、景色が違うぐらいにしか見えません。相手がこちらの思いどおりに行動してくれないときに、初めて本質的な違いに気づき、多様性を経験していることを知るのです。ここが出発点です。しかしここで、やみくもに突進しても、相手は思いどおりになりません。自分の文化における解決は、相手にとっても解決であるとは限りません。そうならないことのほうが多いのです。冒頭の田中さんは、ハンバーガーの店で、「悪気はなかった」ことを告げようとして、逆効果になり、そのうえ言いたかったことと正反対の発話をしてしまっていました。

自分の文化の中ならば、ここには、常識という分かりやすい答えが準備されています。しかし、いったん自分の文化を出てしまえば、何も準備されてはいません。ここでの解は常識にではなく、自分の側からの事実関係の提示能力にあるのです。相手との間に、事実という橋を架けてしまうのです。そのためには、相手がYesかNoで反応できるような、答えやすい提示が求められています。英語はこの目的に沿って、歴史的に発展してきた言語です。

だから、そこでの事例について自分なりに確信したら、積極的に発話しましょう。例えば、

I did not mean to go ahead of you.（横入りするつもりはなかったのです）

と言ってみて、相手の反応がYesなら、ＯＫですし、そうでない場合は、次に可能な答えに行きましょう。

After you.（and smile）（どうぞお先に）（とほほ笑む）

前にも言いましたように、どうしてもだめなら、退散するのもＯＫです。ベストの解か

ら、次々と試してみましょう。解はすべて仮説なのですから、失敗を怖がらないこと。ここがポイントです。この方法こそが、グローバル社会の最先端なのです。この仕方は、それこそギリシャの昔から、独創的な人はそうしてきました。現代のグローバル社会では、それが大衆化され、だれでも波頭に乗ることができるのです。ちょうど西洋近代が、科学を大衆化して、それが産業革命として大展開したように。

渡邊君の正味四日間の海外研修プログラムには、これから説明する大戸君の四週間の海外現地研修が凝縮されています。凝縮してしまうと、構成が見えにくくなってしまうものですが、以下は最初のプログラムそのままなので、ずっと見えやすく、分かりやすくなっています。

研修の出発点では、すべての経験に説明を加えます。すると経験は、自分の独占ではなくなって、説明者と共有することになります。共有できるまで、徹底して説明し、できれば討論します。しかも、経験してすぐにこれらを行うのです。ここが秘訣です。必ず現在形で理解します。受講生の心の中で、経験が過去の領域に入ってしまったら、説明の試みは、いったん捨てなくてはなりません。指導者は、このあたりを的確に、読み取ることができなくてはならない。

失敗の経験からはじまる

大戸君は、家業が税理士なので、家の仕事を手伝っています。二十代の青年で、文学や哲学を好みますが、非常に現実的な面ももっています。それがうまく調和しているところが、変わっているといえば言える、というのが友人の評です。まず、中国人経営のスーパーに行って、そこでの自分の様子をレポートしてもらいました。ここは難易度としては中ぐらいでしょうか。まずは、少し難しいところに、飛び込んでもらいます。

このスーパーは、本店が中華街にあって、そこではいまも昔どおりの経営をしています。英語はほとんど通じないし、買い物客も中国語でやり取りしています。店の名前も中国語です。それが英語名称「88」（エイティエイト）という支店を出したのです。場所はボストン大学に隣接し、中華街からはまったく離れたところにあります。店の内装も、ふつうのアメリカのスーパーとまったく同じで、だだっ広い店内に、品物が豊富に積まれています。違いは、その品物が、ほとんどアジアからの輸入品だということです。とにかく安いのです。「え、どうして、こんなに？」と、絶句してしまうほど安いのです。大戸君の最初の観察では――

店内には、中国野菜や米、中国や日本の調味料や香辛料が並んでいる。日本で売られているペットボトルのお茶や、お菓子もある。

東洋人向けの食品を扱っているためか、東洋人が非常に多い。働いている人も、若い東洋人である。髪を染めた若いレジの女性は、中国語を話していた。東洋人の家族、カップルがいる。白人の夫婦、女性がいる。ヒスパニック系の人もいた。

第一回報告は、ここでぷつんと、切れてしまっています。これだけ書くのに、二日も掛かっています。これはこれで良い経験です。もっと早く突破できる人には、別の進み方を指導します。大戸君の場合は、以下のように進んでもらいました。

場を替えてもう一度

場所をスターバックスに変えて、また同じ課題に再度挑戦してもらいます。スターバックスは日本にもあるので、なじみやすく、その意味で、難易度は低くなります。以下は、大戸君の記述です。

店に入ったときには、店内には、女性の客二人が、窓辺の席で話をしていた。窓際から少し離れた席で、老人が椅子に座って、ゆったりしていた。机の上には、新聞があった。穏やかな朝だなという印象を持った。

僕より前にいた男性の客が、カフェ・ラテを注文していた。メニュー表は店の奥にかけられていて、視力の悪い僕には、よく見えなかったので、前の人の頼んだカフェ・ラテを注文した。

女性の店員が僕の目を見て、"Good morning" と声をかけてきた。僕は、"Café Latte, please." と答えた。お金を払うと、"Have a good day" と声をかけてくれた。注文したカフェ・ラテは、受け取り場のようなところでもらう。

どこに座ろうか迷っていると、新聞を机の上においていた、ひげもじゃの白人の老人が、席をたったので、その席に座る。相変わらず窓際の二人の女性は、話をしている。僕は、席に座ってカフェ・ラテを飲んだ。コーヒーは、自分の身体に合わないと敬遠してきたが、香ばしい香りがして、おいしかった。
そうしているうちに、店内には、ひっきりなしに客が入ってくるようになった。ほとんどが若い男女だったが、たいていは、コーヒーを頼んでは、足早に店を出ていった。座っているのは、先ほどの女性二人と、僕の横の席にいた眼鏡をかけた若い女性だけだった。

言いたかったこと、言えたこと

右記では、英語の会話部分は、きわめて限られています。

女性の店員　（僕の目を見ながら）Good morning.（と声をかけてきた。）
僕　Café Latte, please.（と答え、お金を払う。）
女性の店員　Have a good day.（と声をかけてくれた。）

全体の交流の中で、簡単な英会話があるだけでした。

右記のやりとりを改善するために、大戸君には「本当に言いたいこと」を作成してもらいました。この中間的なシナリオでは、大戸君の部分だけを変えてもらっています。相手の部分は、変えないようにしてあるのは、渡邊君のときと同様です。もしも相手の英語が聞き取れないために、変な英語になってしまっていても、それはそのままにしておきます。変だと分かることは重要ですが、この中間段階ではそこまでで、とどめておくことはもっと重要なのです。これは、出来合いの会話本の暗記では、学習できません。ここが、根本的に違うのです。

もう一度同じスターバックスで、大戸君は今度、「本当に言いたいこと」のシナリオを実践してみました。自分のところだけを変えて発話したのですが、左記の最終結果では、相手の返事が前回とは、かなり違っていることが分かります。しかも相手の新しく加わった部分（下線）も、よく聞き取れています。

女性の店員　Good morning.
僕　Good morning. I'd like to take Café Latte.
女性の店員　Would you like anything else?

僕　No, thank you.
女性の店員　Have a good day.
僕　Thank you.

相手の部分は変更禁止

繰り返しますが、反省によって変更できるのは、自分の部分だけであって、相手を変更することはできません。目の前にいるのは、自分の延長ではない「他者」なのです。他者は、自分の都合で変更できません。この鉄則の学習から、現地研修は始まらなくてはならないのです。やみくもに突進しても、理解は進みません。

ここでいくら言っても、相手の部分を変更する生徒さんが、実際には居るのです。自分と人の区別ができない人です。このような受講者は、続けないほうが良いと思います。今までも何度かあったことですが、このタイプの人は、英語学習システムを疑似セラピーのように使ってしまうのです。これは困ります。そのようには、構成されていないからです。

しかしこれ以外、ほとんどの人は、すぐに自他の部分を区別するようになります。区別してから、自分から働きかけることで、共通の基盤を作ります。日本の集団主義には、自他は連続しているのが「和」だという考えがあります。自分の延長に「他」があると考えることは自然でさえあるのです。その自然が「通じない」ことを、学ぶことに第一歩があるのです。

知らせる努力

大戸君が本当に、やりたかったのは、対話でした。初回には、相手に“Good morning.”と言われて、すぐに注文をしてしまったのですが、二回目には、こちらも“Good morning.”を返してから、注文しています。

一回目と二回目の違いをきかれて、「英語がうまくなった」と答える人は、まだ分かっていません。うまくなったなら、どこがうまくなったか、考えてください。「対話になってきた」と言うのは、当たっています。しかし、対話とは、なんでしょうか。「相手に対応する」こと、あるいはそのスキルだという答えもあります。しかしそれでは、どんなスキルのことでしょうか。ある生徒さんは、相手に向かい合っている間、全ての瞬間に、

「相手を認めていることを相手に分からせること」であると、答えてくれたことがあります。それでは、あなたの答えは、どうでしょうか。

相手にフォーカスしていることを、分かってもらうために、英語文化では、相手の目を見ることが重要になります。それを、目を見ればいい、と誤解して、相手を認めずに目だけ見れば、相手は睨みつけられているような印象さえもちかねません。丁寧な言い方も、相手に対する自己表現です。相手を尊敬していることが、相手に分かってこそ、意味があります。"I'd like to take Café Latte."は、そのように使わなくてはなりません。こんな仕方で英会話を学習すると、相手が人として見えてくるようになります。そこで初めて、文化としての英語が、使えるようになります。これがインタラクションなのです。自分も含めて、言語と人を切り離すことはできません。

通じれば相手は変わる

大戸君は最初の過程で、かなりの自信がついたようでした。そこであらためて、今度は別のスターバックスに行ってもらいました。

レジには、ヒスパニック系（のように僕には見えた）の男性の店員がいた。彼が笑顔で僕の顔を見つめてきた。

僕　Good morning. I'd like to have Café Latte.

男性の店員　What's size?

僕　Small size.

金額が表示されて、お金を払った。お釣りを受け取るときに、"Thank you" と言った。受け取り場のところへ行って、少し待つと、眼鏡をかけた背の高い白人の男性が、Café Latte を差し出してくれた。

男性の店員　Thank you. Have a good day.

僕　Thank you.

同じ経験を二度繰り返す

Café Latte は、おいしかった。もう一度注文するために、席を立ち、レジのところへ行った。

男性の店員　What can I get for you?

僕　Coffee was very tasty.

店員に直接語りかけるようにして話す。男性の店員は、ちょっと驚いた感じで「へぇー」という顔をした。それから、眼鏡をかけた白人の男性を指す。

男性の店員　He made it. he made it.

と僕に向かって言い、それから眼鏡の白人男性店員に向かって

He liked your coffee a lot.

と言った。眼鏡の白人男性店員が、笑顔でこっちを見た。

僕　Very tasty.

白人の店員　Thank you very much.

相手の言うことが分からない、と分かる

場が少し見えるようになると、相手のことが分かっていないことが、分かるようになってくるものです。

今度は紅茶を頼んだ。

僕　So, I’d like to have another drink. Could I have hot tea this time?

男性の店員　You pick ……

僕　I’m sorry. I don’t understand what you’re saying.

Teaの種類を選べるとは思わなかったので、最初何を言っているのか分からなかった。

男性の店員　Just choose ……

僕　I want to drink here.

男性の店員　Yeah, yeah. Choose the bag.

僕　Thank you. I was confused.

　状況がわかったので、レジの横に備えてあった、さまざまな種類のTea bagの中から、アールグレイを選んで、店員に渡した。お金を払って、お釣りを受け取った。眼鏡をかけた男性店員が、レジからteaを出してきて、“Thank you”と言ったので、僕も“Thank you.”と返した。それから、席に戻った。

インタラクションは自己啓発

自分が変われば、相手の対応も変わります。この経験を通じて大戸君は、この異文化対応法は、自己啓発でもあると思い始めました。英語にも英語文化にも、自己形成を助けてくれるものがあります。日本語は、イメージの洗練に行きたがるのですが、英語は分析を助けてくれます。インタラクションは、他者を通じた自己啓発です。英語学習を、スキルの習得とだけ考えると、この部分はまったく見えてきません。

こんどは、別の場を選択してもらいました。デパートのネクタイ売り場が良いと言うので、ネクタイをたくさん買い込んだりしないようにと、念のため言ってみると、大戸君は笑って、大丈夫です、と自信ありげです。こういう大戸君は、日本では見たことがありませんでした。

ネクタイ売り場の記述は、スターバックスのときと同じ仕方で、何度も書き直してもらいました。一回ごとに、添削を入れます。やはり、書き直しは自分の側だけで、相手には手を付けません。このことは、どんなに強調してもし過ぎることはありません。相手は自分ではないので、相手をあらかじめ直すことはできないし、してはいけないのです。相手の言うことが、聞き取れなかったり、意味が分からなかったりしたら、そこはそのままにして、ほんとうに自分の言いたかったことで、前回言えなかったことを、今度は、適正な英語で発話するようにするのです。すると、急に相手の言うことが聞き取れたり、分かりやすくなったりします。これはうれしい驚きです。それを、あらためて記録します。次回も同じようにしますが、相手の部分は、もちろん、あとから添削したり、変更してはいけません。次の回にあたらしく聞き取って下さい。

こうやって、添削を続けてゆくと、言いたくても言えていなかったことが、最後には通じる英語になります。この通じる英語こそ、自分の英語なのです。英語が改善されるにつれて、相手からの「あたり」が変わることは、まさに実感となります。

自己啓発の次は自己呈示

以下は、大戸君による、苦心ののちの完成作品で、日本語の部分は、売り場を活写していますし、英語の部分では、自分の言いたいことが、きちんと発話されています。全体がよく見わたされ、どこから何を見ているのか、視点がはっきりしています。

男性服売り場は、シックで落ち着いている。いかにも高級品売り場のような装いがあった。ネクタイは、丸い円形の台の上に敷きつめられていた。値段は、安いものは15ドルほどで買えるが、高いものになると50ドルくらいはする。たくさんの円形の台があって、品数が豊富である。僕は、店に入って、その静かな様子のネクタイ売り場をうろうろしていた。レジでは、年配の白人女性の店員が、客の応対をしている。すると、若い白人女性の店員が、“How are you?”と声をかけてきた。僕は、彼女のほうに行って、“I'm fine, thank you”と言った。

僕　I'm just looking around. I want to ask you a question. I'm looking for a tie appropriate for a party. It will be a casual party with a girlfriend. I need a casual one. What kind of tie should I wear?（ただ見ているだけです。質問があります。パーティに行くためのネクタイを探しています。ガールフレンドと一緒のふつうのパーティです。どんなネクタイを締めてゆくべきでしょうか。）

女性の店員　What color is your shirt?(5)（あなたのシャツの色は何色ですか。）

僕　One shirt is white with black pin stripes and the other is beige.（僕のシャツは、黒い縞の白いものと、もう一つは、ベージュです。）

女性の店員　What color is your jacket?（上着の色は何色ですか。）

僕　It is brown with plaid. I like brown. It makes me calm. I'm always having so much fun. So, my friends tell me to wear more brown. (Smile) Yeah, I'm joking.（上着は茶色の格子縞です。茶色が好きです。気持ちが落ち着きます。僕はいつもハシャイでいます。それで友人は皆、茶色を着るように言います。〔微笑〕ええ、冗談ですけど。）

女性の店員　OK.（わかりました。）

事実は共有されているか

自己呈示のポイントは、事実を相手と共有できるかどうかにあります。自分だけ分かっているのでは、相手は困ります。目の前に「事実」があり、それについて会話が進行する状況だと、双方向になって分かりやすくなります。大戸君の「事実」は、ネクタイです。

人同士の相互理解も、すべて、このネクタイを通じてすることになります。英語はまだ、ぎこちないかもしれません。

女性の店員は、それぞれの台の上にある、ネクタイを物色し始めた。最初に持って来たのは、薄い黄色か黄金色の、しま模様の入ったネクタイだった。

女性の店員　City of London is a nice brand.（City of London は良いブランドです。）

僕　Yeah, very nice. I also like yellow. It gives me a cheerful feeling. It helps me wake up in the morning. (Smile) It's like the sun.（えぇ、とても良い。黄色も好きです。気持ちが明るくなります。朝起きるのが楽になります。〔微笑〕太陽のようです。）

女性の店員　（しま模様のラインを指して）Lines make you look more professional.（縞が入っていると、プロらしくなります。）

僕　Really? But it's a little bit expensive. Could you recommend other ties?（そうですか。ちょっと高いです。他にはありませんか。）

女性はまた、それぞれの台の上にある、ネクタイを物色し始めた。しばらくすると、今度は、濃い茶色のしま模様のネクタイを持って来た。

女性の店員　This one is more conservative.（こちらは少し控えめです。）

僕　I think it's dark brown. I like light brown. Light brown is not so heavy and not so loud. It's quiet.（これは濃い茶色です。明るい茶色が好きです。明るい茶色は、重すぎず、うるさすぎません。静かです。）

女性の店員　It's fancy, not too fancy.（これはしゃれていますが、しゃれすぎではありません。）

僕　It may be showy, but not too much. It really takes good taste to choose the right tie.（派手ですが、派手過ぎではありません。ネクタイを選ぶには、ほんとうに良いセンスが必要ですね。）

「僕」は、ネクタイを通して、自分の感情を発話しています。それをなんとか、女性の店員と共有しようと、努力をしています。他方で、女性の店員の関心は、ネクタイがパーティで、どのようにアピールするかに集中しています。店員は、ネクタイを小道具にして、「僕」がパーティで、どう見えるか、どう見せたいのか、を説明しようとしています。「僕」の関心は、「僕」の感情にあり、店員の関心は、パーティの参加者の反応にあります。

相手の言いたいことが聞こえているか

ところが「僕」は、なかなか、このすれ違いに気がつきません。

すると女性の店員は、近くにいた男性の店員に話しかけた。男性は、僕のほうを向いて、話しかけてくれたが、よく聞き取ることができなかった。分からないところを、あれこれ考えているうちに、男性店員は退き、女性店員とそのまま、ネクタイ探しは続けられた。

今度は、紺とピンクの取り合わせのネクタイだった。

女性の店員　Nice colors make it fancy.（いろどりが良いとネクタイは映えます。）

ここでも店員は、パーティでアピールすることを、強調しようと頑張っています。しかし、「僕」はどうしても、自分の感情に意識が集中します。

僕　Yeah, it's very impressive. I will stand out so much. I will feel embarrassed.[6] (Smile) Let me think about it.（そう、とても印象的です。僕、目立つよね。恥ずかしい。〔微笑〕考えさせてください。）

「僕」はどこまでも、自分の感情を表現します。感情表現がイコール自己呈示だというのは、日本文化の特徴かもしれません。しかしこの店員のように、自分の意見を言うこともまた、自己呈示になります。そういう意味では、どちらも自己呈示はしているのです。店員は、客には逆らうことはしません。

女性の店員　Of course.（もちろん。）

僕　Thank you for your help.（手伝ってくださって、ありがとうございました。）

女性の店員　You're very welcome.（どういたしまして。）

そう言って立ち去ったが、やはり何か聞き逃しているのか、すっきりしなかった。

感情と世界は別

二人とも自己呈示はしたのですが、かみ合ってはいなかったようです。「すっきりしなかった」のは、そのためと思われます。「僕」が「聞き逃し」たのは、相手の意見でした。意識が自分の感情表現に集中してしまったので、相手が、パーティという状況の中で、「僕」が「他の人たちに」どう見えるか、という発想をしていたことが、聞こえてこなかったのです。ネクタイという事実は、共有されているのですから、この平行線に気づくまで、あと一歩だったのです。事実を共有し、自己呈示をしながら、相手の自己呈示の焦点を見定めること。ビジネスのネゴシエーションも、このあたりにポイントがあります。こうすると、迅速に相手を見抜いて、自分のほうから働きかけることができます。

英語の文章を見ると、このあたりはもっと分かりやすくなります。「僕」の発話には、以下の表現が代表的に表れます。

Yellow gives me a cheerful feeling.（黄色は気持ちがあかるくなります。）
Yellow helps me wake up in the morning.（黄色は朝起きやすくします。）

どちらも、Yellowが「僕」（= me）を、明るくしたり、朝（すっきりと）起きやすくしたりします。どちらの文章も、「僕」の感情にフォーカスしています。ところが、店員は、

Lines make you look more professional.（縞が入ると、プロらしくなります。）

のように、同じ「僕」（= you）が、第三者にどのように「見える（= look）」か、にフォーカスしています。関心は、「僕」の内面ではなく、第三者という客観世界の反応にあります。この関心の違いは、英語と日本語の表現スタイルの違いに直結します。英語は外界に、日本語は内面に、それぞれフォーカスしやすいのです。上記の場合には、すれちがいは「すっきりしない」感じとして、認識されています。ここからは、すれ違いの内容

が分かって、すっきりするまでにあと一歩です。

自分のためのシナリオ

英語学習としては、こんな風にして、自分のためのシナリオを作ってゆきます。初めて行ったところでは、何もかもが珍しく感じられます。そのときによく観察して、シナリオを作ります。初心忘るべからず、です。あくまでも自分のシナリオを作成します。英会話の本を暗記するのとは、ここが決定的に違います。本は誰か他の人が、書いたものです。どんなに上手でも、自分の言いたいことではありません。上手な会話を、暗記すればするほど、自分から離れてしまいます。自己実現からも、離れてしまいます。

自己実現は、なんと言っても、これが自分だ、という実感から始まります。自分で書いたシナリオは、使うたびに、理想的な自己表現ができます。初回のシナリオで、必要な場をカバーしておけば、二回目には、そのシナリオを前もって復習しておけばよいのです。現場に着いたその瞬間から、必要な守備範囲は自分のシナリオで、心配なく確保できます。二回目には、初回のシナリオでは満足しきれないかもしれません。それは、進歩です。書き直すたびに、自分も成長します。

最初の場に再度挑戦

ここまで来たので、最初に行って失敗した、中国系スーパーにもう一度行ってもらいました。以下は、大戸君の記述です。

店は、広く、閑散とした雰囲気である。全体的に薄暗い印象がある。商品を置く棚が、店の正面から後方にまで、直線に四列ほど並んでいる。店内には、中国野菜や米、中国や日本の調味料や香辛料が並んでいる。日本で売られているペットボトルのお茶や、お菓子もある。

働いている人も、若い東洋人の男性や女性である。髪を染めた若いレジの女性は、中国語を話していた。客層を見てみると、やはり東洋人が目立っている。中には、白人の夫婦一組、老年の白人女性一人がいる。

僕は、しばらく店内を見て回っていたが、日本の胡麻はないだろうか、と思った。

そこで調味料を売っているところで作業をしていた男性の東洋人の店員に話しかけた。作業している店員は、皆、白い服を着ていた。

最初の時とは大違いでした。すらすらと出来て、すぐに提出されました。

中国語しか分からない

以下は、続きです。

東洋人の店員に話をしてみたが、英語はどうも話せないらしく、中国語で応答してくれた。

僕　Excuse me. Can I ask you a question?（すみません。質問してもいいですか。）

男性の店員　No……（中国語）

僕　Do you speak English?（英語、しゃべれますか。）

男性の店員　No……（中国語）

僕　OK. Thank you.（わかりました。ありがとう。）

その後、お皿売り場のところに、東洋人の男性の店員がいた。彼もまた作業中だったので、同じように話しかけたが、やはり中国語で答えてきた。

相手も英語は外国語

今度は、冷凍食品売り場のところで、作業をしていた女性の東洋人にも話しかけてみたが、やはり彼女も、中国語だった。そこで、カスタマーセンターにいた女性の東洋人のところに行って、話しかけようとした。彼女は、接客中で、僕が話しかけようとすると、“One second.”（ちょっと待ってください）と言った。英語が話せるようだ。しばらく待ってから：

僕　Hi. Excuse me. Can I ask you a question?（すみません。質問してもいいですか。）

女性の店員　OK.（大丈夫です。）

僕　Where do you stock your sesame?（ゴマは、どこですか。）

女性の店員　Se...?

僕　I am looking for sesame.（ゴマを探しています。）

女性の店員　Could you explain by writing it?（書いて説明していただけますか。）

どうも僕の「ゴマ」の発音が、悪かったようで、どう発音しても相手の店員には伝わらなかった。それで、女性の店員は、紙とボールペンを取り出して、僕の前に置いた。僕は、もう一度"Sesam…."と言おうとすると、ようやく女性の店員は気づいたようでした。

女性の店員　Sesame! Sesame!（ゴマ。ゴマ。）

僕　Sesame. That's it. Right.（ゴマ、そのとおり。そう。）

女性の店員　You should go to isle No.3.（三番の通路に行ってください。）

僕　No.3? Yeah. Thank you very much.（三番?　ああ、ありがとうございます。）

事実的に率直に

僕が、女性の店員が指差したほうを見ると、確かにNo.3という表札が天井から吊るされていた。しかしそこは、中国の胡麻だった。

女性の店員　You got it?（ありました?）

僕　Yeah, I got it. I have one more question. Do you have any Japanese sesame?（えぇ。ありました。もう一つ質問があります。日本のゴマはありますか。）

すると、女性の店員が、移動して、僕のほうを見て“Come here.”（こっちに来て）と言ったので、僕は、彼女の後をついていった。別のラインの棚に僕を案内した。そこには、日本語表記のふりかけや、ごましおが置かれていた。確かに日本の胡麻はあった。

女性の店員　It's not Japanese sesame, but …… （これは日本のゴマではないけれど、でも……）

僕　（ごましおの瓶を持って）　It's Japanese sesame. You are very kind.（日本のゴマです。ご親切にありがとう。）（彼女に握手を求める）

女性の店員　（日本語で）　ありがとう。

僕　I have to say "Thank you" in Chinese. しぇいしぇい。（僕、中国語で、ありがとうと言わなくては）

英語の難易度が上がったわけではないのですが、会話がやりとりになって、以前よりずっと生きいきしています。

マルチなグローバル社会人

この後大戸君は、このスーパーの店長へのインタビューまでこなした上で、ボストン研修を終了しました。以上に掲げたのは、おもに結果であって、ここまで到達するには、個人指導を毎日行い、英語にも、異文化体験の仕方についても、細かい指示が出ています。指示は命令とは違って、あくまでも、本人の選択肢を広げることを目的としています。出来合いの教本を暗記するのとは、全く違う成長過程です。

簡単に言えば、英語学習は、異文化学習の一部であり、どちらも究極的には、自己実現となるようにしなくては、結局身に着かないのです。この過程を一挙に、集中的に行えば、着実に実践英語の秘訣が獲得できるのです。

英語が英語文化の一部である限り、現地の場でこそ、自分のシナリオを作ることができます。現場を離れると、たとえ英語を使っていても、事実性が低下します。英語文化の外で、英語らしい状況を作ろうとすればするほど、バーチャルな、いわばディズニーランド的な場が生ずることになります。しかもこのカリキュラムでは、理想の交流パターンを、参加者各自が創出するのですから、場は現実のものであることが望ましい。いずれにせよ、シナリオは事実性をつねに確保するように作成する必要があります。こうしておけば、帰国してからも、自分で作った教材が確保できていることになります。これを土台にすると、仕事の場に密着した英語は、とても通じやすくなります。

木も森も見る

大戸君は、英語のインタラクションで、対話しながら、自己呈示ができるようになりました。さらに、日本語の地の文の改良を通じて、場の全体を見渡すことができるようにもなりました。初めは、ばらばらに目に飛び込んでくる事柄を、目立つ順に記述するだけだったのですが、今は、場の全体の記述の中に、大戸君自身の位置づけがされています。何を見たいのかが分かったうえで、見たいものが見えています。こうなって初めて、全体像が見えてくるのです。向こうから目の中に飛び込んでくる事項を、ばらばらに記述することが、「ありのまま」だと思い込んでいると、今見えている以外のものは、意識の中で存在することができません。ありのままが見えるのなら、意図的になる必要はないのです。「ありのまま」の世界では自己は、絶対化されてしまいます。見えているものだけが、真実だと思い込み、その外の世界や人には思いが及びません。木は見えても、森は見えないのです。今見えている木々は、実は自分が選択して見ているのだ、というところまで考えが届かないのです。しかしこういう限界点が分かれば、「ありのまま」を相手の視点から、もう一度見直すことができるでしょう。初めに見えていたものを捨てずに、同じシーンが、別の視点からも見えることが重要です。そうして初めて、木と森を同時に見ることができるようになるのです。

「見えている」ものは「見たいもの」

木と森を同時に見るという作業は、「見えている」ものは「見たいもの」なのだ、という簡単な事実の認識から始まります。異文化との出会いには、この認識が必須条件です。これが分かれば、多様性に対応できる柔軟な自己形成ができるようになります。日本に居るときは日本人、アメリカにいるときはアメリカ人という、対応の仕方では、グローバル社会の多様性に対応できず、自己形成が阻害され、自分がバラバラになってしまいます。日本国内に居住していても、職業を通じて、グローバル社会への参入の度合いが高ければ、同じことが言えるのです。自覚はないかもしれませんが、今の日本人は日本から出たことのない人でさえ、顔が日本人に向いているときは日本人、アメリカ人に向いているときには、そうでない特別の顔があります。さらにアジア人向けの顔さえ、別にあることが多いのです。選んでいることにさえ、気づいていません。ここで選んでいることに気がつけば、多様性にも気がつきます。この多様性の中で、一貫した自分を持つことが、個人ということであって、それは別に「主義」でもなければ、集団と対立するものでもないのです。グローバルな自己形成ということにすぎません。

ですから、木と森を同時に見る過程は、いわゆる叩き込むのとは、まったく別の自己開発であり、また、目の前にガイジンが居るから、ということではない異文化対応です。マルチ文化に対応できる人間は、自分の文化をあらためて、多様性の中から選択します。多様性に対応しながら、プライオリティを選びます。そして選ぶ自己を、一貫して選択すれば、それが人格となります。ここで、人格的に一貫し、統一されたマルチ文化人間が、二一世紀のグローバル社会のリーダーとなっているのです。

第4章　他者を味方にする

出会いの英語を習得する

いったん自分の文化を出てしまえば、自分の常識は通用しません。相手はこうに違いないということも、こうしたら良いだろうということも、すべては、仮説の一つにすぎません。これを認識することが、グローバルに考えるときの基準（standard）です。そうであれば、異文化の中で、共通の基盤を築くことができる手がかりを、努力して、発見しなくてはなりません。この努力がまた一つの仮説として、結晶するのです。ベストの仮説から、次々と試してみましょう。解ははじめ、すべて仮説なのですから、失敗を怖がる必要はありません。最初のうちは、ゆきあたりばったりでも、あてずっぽうでも、とにかく手がかりを発見しなくてはなりません。仮説を次々と試してゆくことで、相手に出会うのです。出会うまで、試すのです。

出会いとは、互いを発見することです。相手を発見しなくてはならないばかりでなく、相手に発見してもらわなくてはなりません。このような互いの発見は、実はもともと多様なグローバル社会では、すでに定番の手続きにさえなっています。グローバルに考え、グローバル社会に飛躍するためには、出会いの英語を、習得する必要があるのです。

だから最近では、日本の大学が方法に固執する一方で、欧米の大学では大々的に、直観力が見直されています。方法に固執すれば、解は一つです。次々とチャレンジしてみるような、いわばあてずっぽうは、直観力が勝負です。この中でアメリカに特有な現象は、大学で行われることはすぐにも、一般文化（popular culture）化されて、大衆化されることです。アカデミズムは象牙の塔では決してなく、産業と直結します。日本でも話題となった、ハーバード大学の正義や、スタンフォードの自己開発の授業は、そのほんの数例に過ぎません。

何か変だ

春山さんは、仕事の英語を習得するつもりで、三か月ボストンに留学しました。男性、いわゆるアラフォーです。そろそろ課長になってよいころです。勤務先は、言えば誰でも知っている大手製造業です。トップ大学の出身で、英語だけでなく、語学は堪能で、このたび会社から、単独派遣の英語研修を勝ち取ったのでした。本人に頼み込まれて、ボストンの研究所に推薦状を書くことになったのですが、その代わり、毎日報告をメールしてもらい、その内容を後で出版してよいという同意をもらいました。この研究所は、ハーバード大学に属していて、わたくしはここの研究員として、グローバル社会の先端の発想法を学んだのでした。ここの所長が春山さんを、三か月引き受けてくれることになりました。春山さんは、同じ会社の海外支部への配置転換を目的としていましたから、モチベーションも高く、英語とともに、テキを味方にする異文化対応法を習得する結果となりました。

一人で外国に滞在するときに、誰でも経験するのが、不動産業者とのトラブルです。似たような例はたくさんあって、春山さんの件の前にも、同じ地域の日本人留学生から、さんざん聞かされていました。春山さんのケースの発端は以下のようなものでした。

今日から新学期です。

指導教授のところに、明日にでも伺ってみようと思っていた矢先に、今住んでいるアパートのことで、とんでもないことが持ち上がりました。

今月末日に払い込み予定の4800ドル(7)を、今日中に振り込めというのです。

なんだか、様子がおかしいと、春山さんは思い始めます。

経緯はこうです。到着してすぐに、週475ドルの住居を借りることができ、二、三日中に、入居の予定でした。大変安くて本当に喜んでおりました。ところが現在の居住者が、突然の事情で、出てゆかれないことになってしまったのです。

同じ不動産屋が代わりを、特別に手配してくれました。週800ドルと聞いて、びっくりしました。なんだか胡散臭い気もしました。まあ変に勘ぐるのはやめようと思い、相手の言うままに二か月分前払いで6400ドル、払い込んだのです。(こうして書いてみると、簡単に信じるほうが本当に馬鹿ですが、たぶん時差ぼけと英語力のせいで、何とも思いませんでした)

これはひどい

ところが今日になって、さらに敷金一か月分３２００ドルと、不動産手数料１６００ドルを要求されました。これは本来二か月目に払うべきもので、契約条項に明記しろと散々言ったにもかかわらず、不動産屋がしらばっくれていたものです。

あとになって分かったことでは、このあたり、不動産業者は、春山さんがあきらめると思い、たかをくくっていたのだそうです。

しかし、災難は、これで終わりではありませんでした。現在仮に入居しているアパートでも、

清掃業者だ、電話回線だ、なんだかんだで、毎日、一日中部屋中を蹂躙され、昨日はちょっと目を離した隙に、改装業者に冷蔵庫の食料品を、すべて盗まれました（もしかしたらゴミだと、思ったのかもしれません）。それにしても寝ているのに平気で、合鍵を使って入ってくるのには閉口します。何とか居ないときに、来て欲しいもので

す（それはそれで、恐ろしい気もしますが……）。

ユーモアは人間力

不法侵入だと思った春山さんは、事務所に電話して強く抗議することにしました。それに応じて、不動産の担当者がしたことといえば、

私の部屋に、貼り紙を貼っていきました。「この部屋に不法侵入する際には、事前に居住者の電話番号×××-××××に電話すること」これには激怒しました。

そこで、アパートの賃貸契約において、家主や、業者が部屋に立ち入るときには、二十四時間前の通告が義務付けられていることを、春山さんにメールで伝えました。その結果……

宮永先生に「二十四時間前の連絡」というアイデアを頂いて、早速その旨伝えると

翌日、貼り紙の文面に、「二十四時間前に」と、付け加えていきました。泥棒が見たら笑うだろうなと考えると、今度はふき出してしまいました。

激怒したあとで、ふき出したり、このユーモアのセンスは、すばらしいと思います。自分を別の角度から、見ることができる視点です。

あてずっぽうから始まる試行錯誤の原点は、このあたり、日常的なユーモアのセンスにあるのかもしれません。

すべてこんな調子です。貼り紙についても、悪く解釈したら切りがありません。まるで、夏目漱石の「坊ちゃん」です。というわけで、意外に早く諦観しました（疲れたのかもしれません）。貼り紙は勿論、そのままにしてあります。

最後に以下の文章が、付け加えられていました。

意外に悪意はないのかなと、思ってみたりしたのですが……

反撃に出る

このあたりの表現には、その後の彼の度量が、すでに現れているように思えます。しかしまた、春山さんはすぐに思い直し、

疲れからくる諦観ではなく、やはり納得の上での諦観でないと、いけません。

早速書いた本人に、（夜ですが携帯を持っています）電話をして、

「これは冗談か？　冗談だったら笑ってやるが、これは笑えないな」

と言ってみました。映画で聞いたとおりの台詞ですから、めずらしくすらすら言えました。

ところが相手は、日本人の様に、へらへらするわけでもなく、アメリカ人の様に、しらばっくれる訳でもなく、「明日話そう」と言って切ってしまいました。

この対応は、春山さんには意外でした。春山さんは考えをすこし変えて、直接相手と話

し合いの場を持つことにしたのです。

例の貼り紙事件で、担当者に会いに行きました。担当者は会うなり、「忙しいので、文書で提出する」と逃げようとしました。私は別に法的手段に訴えたいのではなく、「今回の事件を、留学中のレポートとして考察したい。そこで、訓練サンプルとして協力してほしいのだ」と言いました。担当者は、それなら明日あらためて会いましょう、ということになりました。いま質問リストを作っています。

相手の意外な反応

そして、翌日、担当者の名前はジョシュといったのですが、彼からぶっつけ本番で、意外な反応が返ってきたのです。

本日昼食をとりながら、話を聞きました。彼は全く悪気がないようでした。以下が今回の経緯についての説明です。私が作った質問リストのことは全く無視して話し始めました。

(担当者ジョシュ談)：

——侵入事件や、早期支払強制等に関しては、全く他意はない。自分でも非常に不満だ。オフィスには、十四人スタッフがいるが、WASP(8)が三人で、あとはみなMinority(9)。

——日本人に対してだけでなく、お互いがお互いを警戒している。

——だからあなたを、見下しているのではなく、私がボスに馬鹿にされている。もちろん私も、他のスタッフを信用していない。

——ボスのネイソンの権限は絶大。先住者が居残ったのも、侵入したのもみんな、ネイソンの命令。ネイソンは、あなたが日本人だからではなく、居住者みんなを信用していない。だから人種差別ではない。

これに対して、もっと自分の仕事に、責任を持ったほうが良くはないかと、聞いたところ、

（担当者ジョシュ談）：

――私だってこんな仕事はもう嫌だ。親がユダヤ移民で、苦労して大学まで出してもらったのに、こんなくだらない仕事をしている。朝から晩まで一日、飯も食わずに十時間働いて、休みは一か月に、三日取れれば良いほうだ。

――何が嫌だって？　顧客から感謝されないことさ。あんただってそうだ。俺がどれほど間に入って、面倒を見てやっているか、知っているか？　それなのに夜中に、たたき起こしてすごんでみたり、挙句の果てに、これは、尋問の真似事か？

――冗談じゃない。被害者はあんたじゃない。この俺だ。

今日はこれくらいにしました。職場の人間関係については、米国のレポートにはめったに見られない、データが取れるかもしれません。今後もじっくり、付き合ってみます。

ただし不動産手数料については、何があっても出るときまで、払わないと言っておきました。新居が見つかったら、自分はすぐに出てしまうが、あなたにはまた迷惑をかけるねと言うと、悲しそうに笑っていました。

春山さんは、ここまでを以下のように締めくくります。

本当に踏んだりけったりでしたが、確かにやらずぶったくりの世界ですから、信用できる人が貴重なのが良く分かりました。得がたい体験です。

いよいよ対決

大学の Housing Center に行けば、月に８００ドルぐらいでアパートが見つかることを春山さんにメールで伝えました。するとさっそく、

さっそく、「大学の Housing Center で、月８５０ドルのところを見つけたので、十月一日から移りたい」と不動産屋に仕掛けてみました。当然の如く、例の営業マンのジョシュは、「契約不履行だ！　罰金として、広告宣伝費・迷惑量・次の客が付くま

での家賃を貰いうける。もちろん一か月分の敷金は没収。そのうえ二か月分の家賃と、二か月分の不動産手数料は、当然頂く」と突っかかってきました。

私は米国商法と契約書を盾に、「一か月分の家賃以外は、絶対に払う必要はない」と申し渡しました。

すると、ジョシュは、「俺は法律は分からない。こうなったら仕方ない。ボスのネイソンに直接会ってくれ」と答えたのです。

こうしていいよいよ、親分と対決することになりました。

春山さんはこのころになると、風景だけでなく、人間の描写も的確になっています。

ネイソンは長身金髪碧眼の、とても鋭い目つきをした強面の男でした。四十五歳ぐらいかと思います。

(予想に反して)話してみると知的な人でした。解らない単語(epistemic, teleological等)が出ると、解るまで説明を求めてきました。

実は彼は経営学修士号をとるために、夜学に通っています。

「MBA（経営学修士）は数学や統計をいじりまわしているだけで、何も実質的なことを教えてくれない」とこぼします。

今後どのように発展するかは解りませんが、なんだかわくわくします。余計なことをしてしまったようで、ちょっと恐ろしくもあります。

でもこちらも相手も、終始冷静且つ論理的に話しました。

準備おさおさ怠りなく

さて、春山さんは、今後の対決にむけての準備に掛かります。

私はまず街中の不動産屋をあたってインタビューすることにしました。やはり日本人に対するサービスが一番充実しているのは日系の不動産屋です。サービスはなかなかのものです。アパートの手配はもとより、車やペット、幼児の世話、さらには、研究論文の推敲までしてくれます。「研究者お助けパック」というのがあって、論文調査、代読、論文作成、口頭試問準備、研究発表原稿作成、発声・発音チェックまでやってくれるのです。

つまり日本側の親会社、○○不動産がレンタカー屋、英語学校、日本人会、日系企業と完璧に一枚岩になって、ここの土着不動産屋に、真向から勝負を挑んでいるのです。

特に毎月発行される「賃貸ニュース」は圧巻です。観光・プレイガイド・催し物から始まって、格安物件の紹介へと続き、人生相談から、帰国後の職業の世話まで至れり尽くせりです。その上なんと「タダ」なのです。そこら中の日本料理屋やアジア系団体拠点で配布されています。もちろん、言語は日本語、受付の人間もみな日本人です。

ここの人たちに、不動産業の基礎的な知識や法律を教えてもらったりしています。現地の不動産についてはかなり詳しくなりました。夜は論文書きです。

相手の立場は?

ここまで春山さんの考えが進んできているのですから、日米決戦ではなく、相手の立場

を理解して、行動してみることはできないか、訊いてみました。すると、
少なくとも私は「業務改善」を専門として研究しているのですから、「今後ボストンに来る日本人の為に、不動産問題の改善にむけて、今回の事件を役立てるためにはどうしたらいいか、不動産屋の労働問題に何か貢献できないか」という視点くらいは、あっても当然でした。

との返信。ここでの春山さんの反応は、迅速で当を得ています。この視点は、最近は、「ウィン・ウィン」と言われて、アメリカのビジネス界では、織り込み済みのものでもあります。

ちなみに日本の伝統では、同じことを「気が利く」と言いました。相手の身になって、迅速に、物事に対処することです。地方出の見習いが丁稚《でっち》として、江戸の大店《おおだな》に住み込むときに、最初に教え込まれたことはこれだったそうです。落語では、大家さんが、クマさん、八つぁんに、

ええ、じれってぇな。気がきかねぇ。

と、つい口走ってしまうのが、定番になっています。江戸っこは、「気が利かない」と言われることを、何よりも恥としたのです。江戸文化は都会の文化です。多様性に富んでいました。今では同じことを、アメリカ経由で「ウィン・ウィン」と言って輸入しているわけなのです。

日本紳士のアプローチ

自分をごまかすことなく、相手の身になって、しかも自己主張をしてゆく――春山さんはインタラクションの実践を通じて、ずいぶん変わったと思います。

（ジョシュに対しては）今回の「不当支払い請求」「不法侵入」で、私がかなり心理的・経済的苦痛を味わったこと――それが不動産屋社内の情報の停滞や、命令系統の不具合、さらには、社長であるネイソン自身の「多少」偏向した経理感覚に、起因しているように感じられることを指摘しました。

次のような春山さんの分析は、プロの面目躍如です。

また社長のネイソンにしても、無理して不法に現金収入を得ても、資金繰りと多少の金利が稼げるだけですが、逆に敷金の取り立てをやめて、貸倒れの引当で損金に計上したほうが、税金からみても顧客の満足度から考えても、遥かに好ましいのです。

ここには、積極的な提案があります。

こういったことを丁寧に説明した上で、社長のネイソンに、「出るところに出て、法律上の決着をつけるような馬鹿なマネはしたくないし、貴殿あるいは貴社について、個人的な恨みもない。相互不信・不理解があるだけだ。

しかし今後も来るであろう日本人や、貴社の発展のためにも、もう少し貴社の業務や顧客の心情の理解を深めたほうが良い様な気がするがどうだろうか」と、相手の顔色を確かめながら言ってみました。

驚くべき展開

するとネイソンは、何も言わず社長室を出ていくと、まず全社員に聞こえる様に大声で「今後は何があっても春山氏の部屋に入ることは許さない。分かったか！」と怒鳴りました。

そしてゆっくり部屋に戻ってくると、まず今までのことに深く陳謝すること、そして私の分析に非常に興味を持ったこと、更にこれまで自社に、情報の停滞や営業マンと経営層との間で、葛藤があることなど考えてもみなかったこと、それから最後に、人種問題があることは知っていたが、実務に影響しているとは信じられないということを、短く述べました。

社長のネイソンの陳謝まで取り付けた上で、状況はさらに展開します。

そしてネイソンは、「あなたが帰国するまで、当所に滞在していただけることを切に願う。金銭上の問題は、最大限譲歩する。それからできれば、コンサルテーションをして欲しい」と持ちかけてきました。

そこで、春山さんは、業務改善のアドバイスに取り掛かりました。

今日社長のネイソンに面会し、現在までの経過と問題点について、分析してみせたところ、「是非コンサルタントとして、うちの会社全体の分析をやってくれ。金は払う」ということになりました。

分析のためには、営業マンのヒアリングが必要ですが、「必要な情報はすべて開示する」と、請け負ってくれました。

それは禅かね？

情報開示はすぐに実践されました。こうしたこともアメリカでは定番で、日本ではあり得ないほどオープンなのです。春山さんはネイソン社長と共同研究を始め、留学先の研究所で、一緒に研究発表までするすることになります。

問題点は、「社員の意識向上」に絞られました。大変面白いことに、ネイソンは私と協力し合って業務分析を進めていることを、社員に公表したらしいのです。夜学に通っていることも明らかにし、その上社員にも勧め始めました。これは私のアドバイスとも一致しているので、いいことだと思います。例の悪徳社員ジョシュも、「俺も夜学のコースに通い始めたよ。先週は第一回目の授業だったがとても為になった。ネイソンを色々、教育してくれているそうだが本当にありがとう」と言ってくれました。

続けて、社長のネイソンの反応としては、

「あなたと話している内に、とても日本的な考え方に興味を覚えた。今回の問題にしても、我々ははっきり言って、あなたが泣き寝入りすると思っていた。どうせ一見の客だから、どうということはないとタカを括っていたが……こういう解決法もあるとはね。

しかし、どうやったらこういう、深い解決法が身につくんだ？　例の「禅」か？　将来是非日本に行きたいが、俺にも習得できるか？」と言うので、恩師の宮永先生を紹介してあげるので、是非来なさいと言っておきました。

禅ではなくて新グローバルスタンダード

これには笑ってしまいました。春山さんのユーモアのセンスは、艱難《かんなん》をくぐり抜けて、いやがうえにも洗練されたようでした。しかし、自分では説明できない部分については、わたくしに丸投げしているようです。

実はこの「出会いの発見法」は、新グローバルスタンダードとして、急速に広まりつつあります。自分を持ったまま、自分を外から眺めること……つまり、木と森を同時に見ることなのですが、このプロセスで、既成の方法に頼ることなく、思索と直観を結びつけるところが、アメリカ人のネイソンには、禅に似ていると思われたのでしょう。ただし、自他の同一という、禅の伝統に回帰することはなく、あくまでも自分の外に、客観は在ると考えるので、この新グローバルスタンダードは、科学です。これは創造的な、新しい発想法なのです。二十一世紀の科学は、既成の方法論やシステムでがちがちに固めるのではなく、その外に出て、そこで自由に発想しながら、仮説を立ててゆくのです。

春山さんを研究に迎えてくれた教授は、わたくしの恩師(10)でもあり、東洋文化にも深い関心を持っています。春山さんと教授の間で、わたくしはどうやら、新グローバルスタンダードの方法を仲介していたのです。英語の通訳ではなく、思索の通訳とでもいったところだったのでしょう。わたくしも、春山さんと同じぐらい本気で、このケースに向かいあっていたので、この通訳はとても勉強になりました。

最後は社長のネイソンが祝宴を開いてくれ、不動産手数料を返してくれただけでなく、敷金まで自腹を切って期日前に返還してくれました（家主は返還を最後まで認めなかったそうです）。

そして、最後に私の手を握って「あなたに色々教えてもらったことは決して忘れない。会えて本当によかった」と言いました。目に涙が浮かんでいました。

また今回の滞在中に協力してくれた人は、数知れません。その全員が「大変勉強になった」と感謝してくれました。

特に私に直接手を下したジョシュは「自分の価値観を変えてくれて御礼を言うよ」と言ってくれました。

それは全くこちらの台詞だと返したら、いつも通り、寂しそうに笑っていました。

ジョシュの寂しい笑いを記述する春山さんにも、どこか、複雑な思いがあったのではと、わたくしには感じられたのでした。

第5章 感情は文化の枠組み

悩みは同じ

自分の文化の常識は、外では通用しません。そうであっても、出たばかりの時点では、グローバルに考える訓練は受けていないし、現地のローカルな文化や常識もまだ知りません。地球上のどこに行っても、日本語ネイティブには、どうしても感性をイメージで表現したい欲求があります。たとえ英語で話していたとしてもそうなのです。これが、止むに止まれぬ思いとなって、つのります。こうなると会議に出ても、分析的に事実関係を提示することに慣れている英語ネイティブや、グローバルなリーダー達とはどうしても対等になれず、議論もネゴも相手にリードされてしまいます。多くの日本人は沈黙したまま、一人で悩みを抱え込んでいます。結局は自家中毒してしまい、かねての評判どおり、金で解決しようとするのです。現地で訊いてまわると、ビジネスパーソンや留学生の経験も悩みも、驚くほど似かよっています。異文化でもどこでも、善人ばかりとは限りません。場合によっては、カモがねぎを背負ってきたと思われてしまいます。

ではどうすればよいのか？　ここで答えを先に言ってしまえば、事実関係の提示と、自分自身の感性の上手な組み合わせを、前もって用意しておくことです。そうすれば、自分の感情に自家中毒しないで済むのです。これは言うに易く、行うに難しです。だからこそ、日本国内でも、グローバル化の現状を直視して、語学教育を行う必要があります。それはもっとも単純に言えば、語学を、グローバル社会の文化の多様性に、対応できるように行うことです。

例えば、春山さんは、最初から、安易な解決を拒否することで、自己表現に徹しました。

不動産屋と対峙しているときは、安易に同調したり、納得したりはしません。

断固として意思表示をしています。だからこそ、当の不動産屋と友達になることができ、尊敬さえ勝ち得ることができたのだと思います。意志あるところには、グローバル社会でも道があります。とうとう相手の不動産屋の社長までもが、春山さんと一緒になって、新グローバルスタンダードをお互い同士、ぶっつけ本番で学ぶことになったのでした。

群れの外は完全無防備

しかし、これから見てゆく田中さんは、外に出ることで経験した激しい自己否定を、持てあましてしまいます。彼は、いわゆる「体育会系」のキャラクターです。

日本の社会性は、「会社性」です。個性を集団（会社）に還元してあります。ですので、たとえ攻撃を受けても、自分の個性は傷つきません。攻撃されているのは集団で、僕ではないのですから。

ですから企業人は、個性を持ちません。無防備で裸で、居られるわけです。群れの外に出たときに、はじめて「個性」を攻撃されて、柔肌を切り刻まれるわけです。

自分から望んだとはいえ、企業による海外派遣のかたちで群れの外に出てしまった田中さんには、自己否定は「柔肌を切り刻まれる」ような苦痛として感じられています。文化の外に出ることで、自己を喪失してまっているようです。なぜなら、田中さんの場合には、会社＝自己であり、少し一般化すれば、群れまたは集団＝自己となり、さらに一般化すれば、社会または文化＝自己だからでした。この＝（equal）が否定されると、≠（not equal）となって、これがふつうには、カルチャーショックとして経験されることになるのです。異文化がショックそのものではなく、異文化によって、それまで安泰だった、自己と世界との親和が破壊され、それが津波のようなショックとなって襲ってくるのです。

グローバルな和の原理は？

とくに、日本文化では、この「＝」を「和」の原理として、価値の基準としているために、「＝」が失われると、自分の倫理性さえが否定されてしまうのです。こう考えると、表現は違っても、集団主義の価値観に慣らされた我々は、多かれ少なかれ誰でもが、田中さんの問題を共有していることになります。

ここでの対処として、異文化を悪玉にして、通り過ぎようとする態度がしばしば選択されることがありますが、これではよい解決にはなりません。そうではなくて、例えばここで、新たな親和を醸造し、新しい「和」をグローバルスタンダードとすることもできるはずなのです。「和」を、より広く、多様性の原理として、捉えなおすことは意義のある選択だと思います。

グローバル社会の選択肢は、一つではありません。渡邊君も、到着した直後は、かなりのカルチャーショックを経験しました。三日目には積極的に異文化に対処する努力を通じて、自己形成さえ可能になったのでした。しかし、渡邊君については、帰国してからも着実に、英語力を伸ばしたという実績があります。二つの文化の間に、自己という橋が架からないと、帰国後の英語力は伸びないし、急速に退行します。渡邊君の自己形成は、グローバル社会への適応を示しているのです。彼のケースでは、グローバル化ローカル化、ではなくて、グローバル社会への適応が、自己啓発、自己形成となっています。

体育会系がグローバル化できるなら

田中さんのように、三十代後半から、四十代にかけて、英語が本格的に必要となる企業人は多いのです。それまでは、出張以外は、日本文化にどっぷりつかってきているにも関わらず、です。現実はそうなのです。学習の初めからああしておけばよかった、こうしておけばよかったと言われても、すでにここまで来ていれば、今さらどうしようもないという思いが、先に立つのは当然です。しかし、今の日本社会は、いやでもグローバル化にさらされ、グローバル化しています。しかも大手企業内の現状として、この年代で頭角を現す人材の中から、海外派遣者が選ばれることが多いのです。周りからの仕事の評価が高いので、選抜されることは誰にも当然と思えるのですが、本人にすれば英語はちょっと、としり込みしたくなることも、また、多いのです。

こう考えると、さまざまに保障された企業派遣という形で、留学を勝ち取った田中さんは、恵まれていると言えます。しかも田中さんは、初めて会ったとき、わたくしにこう宣言しています。

アメリカなんかに行くのは、非体育会系ばかりです。ぜひサンプルとして送ってください。

田中さんの言う体育会系の意味が、社会関係に感情的なつながりを求めることだとは、後で分かりました。知らないわけではなかったのですが、ここまで深いとは知りませんでした。それが悪いわけではないのですが、第二言語の習得は、どうしても知的な過程となるので、初めは、まるでどこかに感情を置き忘れてきたような印象を持ってしまいがちです。文法から入る場合にも、構造から入る場合にも、どちらも知的な理解から入ります。これは必要なことです。第一言語はふつう、赤ん坊のときから、親につききりで教えてもらっています。感情も理性も、身体感覚も、丸ごと親から習得します。多くの部分が、無意識的に刷り込まれているのと同じように、言語もまた刷り込まれているのです。

しかし、大人になってから、第二言語を語学の先生から、限られた時間内の接触で身につけようとすれば、知的理解から入るほうが、ずっと効率的です。感性に行くのは、そのあとになりますが、第二言語では、そのほうがかえって感情に、はまらずに自己形成ができるのです。

文化は絶対ではない

ある日また、田中さんからメールが届きました。いまや事態は深刻です。

アメリカ人との人間関係には大分なれましたが、逆に、日本人との摩擦が頻繁に起きます。特に会社の同僚・上司とのやり取りがドライになってしまい、メールでの喧嘩が絶えません。

誰にでもあることですが、「ドライ」なアメリカ文化に適応すると、相手かまわず分析してしまうといった結果になります。田中さんの場合もそうでした。日本文化では、味方の分析はタブーだということを、肝に銘じましょう。アメリカでは、敵も味方も、分析の対象になります。英語という分析的な言語に、無意識に取り込まれてしまう結果、田中さんは「ドライ」になってしまったのです。問題は分析そのものではなく、「ドライ」な感情にハマってしまって、もとの自分がどこかに行ってしまったことです。こんなふうに異文化を、無意識に吸収してしまうと、もとの自分を見失ってしまいます。異文化の吸収には、意識的であることが必要条件です。その意味では、第二言語に文法から入るのは、正しい選択です。同時に、選択する自分を選択しましょう。これが実は、自己啓発のコツなのです。

ふと気がつくと日本人と話しているときに、日本語を一旦英語にしてからもう一度、日本語に直しているのに気づきました。これでは喧嘩に、なるわけです。

一難去って、また一難。やっと異文化に慣れたと思ったら、結果は、たいへんなことになってしまっていたのです。しかし選択の問題であれば、自分は自分でありながら、英語では分析的、日本語では情緒的、とスイッチを意識的に切り替えることも可能なはずです。ただし、どちらの言語でも事実的な内容は、同じでなければなりません。たんにレトリック／表現法を変えるだけなのです。内容は変えません。これができるようになれば、どんな言語にたいしても、どんな異文化にたいしても、自分を保つことができます。これは可能性の一つです。わたくし自身は、この実践から始まって、人格を手に入れました。他のやり方もあるでしょう。自分の解を求めてください。

二人の田中さん？

しかし田中さんは、どうしても言語に引きずられて、内容も英語と日本語とで別々に、しかも自分までもが別々になってしまいます。まるで、田中さんが二人いるかのようです。以下は、田中さんが国際電話で、日本にいる部下と話した場面を記述したメール文です。

私の部下が二日間、今日になっても連絡を寄越さなかったので、電話をさせました。すると結石で休んでいたとのことです。

日本語だと「それは大変だったね。もう大丈夫かい？　仕事は気にしなくて良いから……」と、講釈師のようにすらすら流れるのですが、一旦英語にしてからしゃべるので、「病気で休むのは仕方ないが、業務のバックアップ体制はどうしたのか？　顧客対応、上長報告、プロジェクト管理について、それぞれどう処置し、危機回避をしたんだ？　自分でできないほど具合が悪いのなら、何故誰かに任せなかった？　すぐに現状を分析し優先処理事項、処理対策を三時間以内に口頭で報告しろ」とまくし立てたら、大の男が泣き出してしまいました（これは私に対して悔しいのでなく、多分自分自身が情けないためです）。

一瞬はっとしましたが、後の祭です。非常に深い溝を、つくってしまったと後悔しました。

自分の中に文化の接点を創り出す

「体育会系」である田中さんには、本来の性質として、部下との間で、共感が成り立つかどうかに絶対の重要性があります。それなのに、このメールによれば、英語ではまるで、共感する必要などないかのように、田中さんは決めてしまっています。そして、このように、「日本語なら」と「英語では」という違いを絶対化してしまうと、せっかくの異文化理解が、かえって自分の前に立ちふさがってしまうのです。古い決定論では、「解」は一つしかありません。絶対です。しかし新グローバルスタンダードでは、目的に適わないなら、その分析には意味がないと考えて、次の「可能な限り最善の説明」に進むことができるのです。「解」は相対的です。次に進むためには、いったん今の解を捨ててかまいません。必要なら、いくつでも捨てて、前に進みます。失敗は、成功の母なのです。

グローバル文化も、英語文化も、マルチな文化です。人も多様性に富んでいます。そのような中で、相手と共感を成り立たせるための、仕方／方法／手順というものがあるので

す。そうやって、仕事でも、友情でも、コミュニケーションの共通の基盤が生まれてゆきます。だからこそ、一章でも出てきた

That's it!（そのとおりだ！）

が大事なキーワードとなるのです。

相手が「That's it」と言うとき、それはつまり、これまで「that」だったものが「it」に変化したということに他なりません。それまで相手にとっては、遠い「that」だったこちらの考えが、共感されたのです。なぜなら、すでにお話ししたとおり、「it」は、共通の基盤を表現するときに使うものだからです。ここで生み出された共通の基盤は、個別の感情を離れたという意味で、抽象的です。一方で、「this」と「that」は、まだ共通の基盤が成立していないときに使われます。自分の「this」は相手の「that」で、相手の「this」は自分の「that」です。このように互いに「that」のときには、接点がありません。ここから「it」に行くことは、接点を創出することなのです。これは、英語のネゴシエーションでは、ふつうに行われています。相手がレベルの高いＭＢＡ（経営学修士）を持っていれ

ば、教養として自然に身につけているものなのです。日本でも行われるようになったディベートなどでもそうで、日本語で行う場合は、なんとなく流暢にしゃべって押していたほうが勝ち、といった印象点に評価が終始するきらいがある一方、英語の場合は勝敗は明確なのです。相手に「That's it!」と言わせることのできる提案をしたほうが、明らかに勝者となります。

こうしたことは、英語ネイティブにとっては、あまりに自然なので、かえって説明しにくいものなのですが、しかし、非英語文化人が大人になってから、大人のネゴシエーションを大至急習得しようとするときに、この知識は必要不可欠なものとなります。ぜひ忘れないでおいてください。

異文化への行きと帰り

文化間のギャップは当然、英語と日本語という言語間にも存在します。ですので、英語学習に初めから、グローバル社会対応能力の学習を組み込んでおくと、英語の能力の獲得と同時に、グローバル社会対応能力も獲得できることになるはずです。帰国後のことも最初から、対応法を組み込んでおけば、二方向のショックを超えることができます。反対方向に一回ずつ、文化を合わせて二度出るので、方向だけ変えて、同じことを二度することになります。いったん成功してしまえば、あとは、繰り返しです。難しくありません。これは個人的な能力として習得可能です。どこにも出られるし、どこからも帰ってこられるような自分ができます。この自分を、個人と言うのです。反集団のことではありません。

このような人格形成は、伝統社会では、とびぬけた名人芸であり、特殊な能力でした。それが、今のグローバル社会では、誰にでもできるように分かりやすく、一般化されて普及しています。昔の人から見れば、今の人はみな名人になっているということかもしれません。江戸時代の人から見れば、今の人がみな近代人になっているのと同じことです。だからこそ、ここには教育が必要です。一般化、大衆化は、教育なしにはあり得ないからです。教育の機会均等も、インターナショナル・バカロレアも、十八世紀から十九世紀のヨーロッパの子女教育の普及も、グローバル社会の展開という文脈から読み解くと、たいへんに分かりやすくなると思います。

共感を求めて

舞台は変わっても、グローバル社会の問題は、向こうからもやってきます。みんなどこかで、グローバル社会に巻き込まれています。じつはこの辺は、わたくしにとって、切実な問題でもあります。少々告白になって恐縮なのですが、息子は英語ネイティブです。日本語は第二言語で、ふつうには全く問題は感じません。わたくしの日本語と息子の英語が同じぐらい、私の英語と息子の日本語が同じぐらいだと思っています。ところが息子は、日本語で意見を言うことになると、受け取るこっちが「どうしてここまで言われなくてはならないの?」と思うようなしゃべりかたをするのです。なにもかも、分析されてしまいます。田中さんの言葉を借りれば、「ドライ」なのです。

あるとき、気がついて、息子と日本語でしゃべるときには、息子の言葉を頭の中で英語に直訳して、聞くことにしてみました。すると、英語ならごく普通の内容だったので、予想はしていたものの、がっかりするほどでした。なんでも分かってみれば、コロンブスの卵です。しかし言葉で言うほどには、実践は簡単ではないこともまた事実です。田中さんと同じで、わたくしも無意識に、共感を求めて挫折しているからです。

YESとNOの感情表現

近所まで買い物に行ってこようとしたときのことでした。息子は当時中学生で、インターナショナルスクールに通っていました。

「ちょっと、お買いものに行くけど、いいかしら？」

と、何気なく声をかけたときのことです。もちろん、「いいよ」と言ってもらうつもりだったのでしたが、息子は笑いながら、

「だめだよ」

と、言うのです。こちらは少々うろたえて、反射的に

「え、どうして」

と、聞いてしまいました。すると、

「質問しているんだろ。質問に答えただけだよ」

と、また笑いながら言われてしまったのです。その通り。答えにはYesもNoもあるはずです。

すれ違いはどこに？

でも、日本語ネイティブのわたくしは、Noをまったく想定してはいませんでした。Noが想定されるときには、「いいかしら？」なんて聞きません。相手の答えを、発話者の側で決めてから、発話するのが日本語です。聞き手は発話者の真意を、「察し」なくてはなりません。たとえ意識されていなくても、これは日本語のルールです。ところが英語なら、たとえ誘導しているときでさえも、言葉上はYesかNoかは、相手に決めさせなくてはならないのです。二つの文化の違いが、氷山の一角のように、言語に顔をだしています。冷たくそびえ立っているのです。

相手の意志を尊重すること。もっと端的に言えば、相手の意志は相手のものだということは、英語文化では約束事で、そのままグローバル社会の原則でもあります。だからこそ英語の学習は、グローバルスタンダードの学習に直結するのです。我が家では、英語ネイティブの息子がグローバルで、日本語ネイティブのわたくしがローカルでした。

文化の接点を契約精神に求めれば

グローバル社会では、相手の意志はどこまでも相手のものです。これは実は、古くからの契約の精神でもあります。相手の意志が相手のものだからこそ「契約」が必要となるのです。もちろん自分の意志は、自分のものです。接点ができれば、契約が可能になります。最近のアメリカでは、結婚に際して、契約書を作成することが流行っていると、先日NHKのニュースになっていました(11)。日本人には驚きですが、契約とは言わなくても、昔から、中近東では、賢い妻は、夫の約束はなんでも、紙に書き残しておくのだそうです。「書いてさえおけば、何でも必ず守るから、不思議ね」は、現地の日本人妻の感想です。そうやっていったん合意したら、相手も自分も勝手に変更したりできないのです。

契約社会のすぐれた感性

旅行者でしかなかったとはいえ、同じ中近東で、わたくしも似たような経験をしたことがあります。

古くても、新しくても、中近東は契約社会です。一九七〇年代、トルコのイスタンブールでのことでした(12)。イスタンブール空港に降り立つと、空港のビルは、今の日本ならちょっとした鉄道の駅ぐらい、といった大きさしかありませんでした。敷地だけは、見渡す限り広がっていましたが、建物は小さくて、通関の小部屋のドアを開けたら、そのまま屋外に出てしまったほどでした。ビルの壁に沿って、何かほこりまみれの袋がたくさん積み上げられていました。その上を、どこにもいるような茶色い猫が、ゆったりと歩いていたことを、なぜか今も思い出すのです。バスに乗り、ホテルのすぐ前で降ろしてもらった、と思ったのですが、そのホテルが見つかりません。戸惑っていると、タクシーがすっと止まってくれました。運転手に、ホテルの名前の書いてある書付を見せますと、はっきりした英語で料金を言います。すぐさま、半額を言い返しました。アメリカで買った旅行案内書に書いてある通りにしただけだったのですが、運転手はちょっとびっくりしたように、英語と身振りで「乗れ」と言います。わたくしはもう一度、金額の念を押してから、乗り込みました。

しばらく走っても、目当てのホテルは見つからなかったのですが、タクシーは、普通の観光ではルートになっていないような、日常的な都市生活のあいだを、巧みに縫って走って行きます。人が引く屋台に、野菜が山のように積んであります。子供が遊んでいます。ロバがつながれています。狭い路地の一方は、古い城壁です。まるで映画の中のような気分になりました。

ところが、しばらく走ると、元のところに戻ってきてしまったのです。見上げると、ネオン文字の中の二字が、飛び飛びに消えています。それで先ほどは、ホテルの名前が読めなかったのでした。ホテルの名前を何度も言いながら、ネオンを指すと、運転手も初めは不思議そうにしていたのですが、そのうち分かったようです。顔を赤くしました。

契約は勝手に変更できない

タクシーで走っているうちに考えたのですが、最初に言われた料金を当時のドルに換算すると、驚くほどの少額でした。それをまた、半額に値切ってしまったのでした。そのうえこんなに走ったら、（アメリカだったら）ガソリン代にもなりません。実際、こちらは暇な旅行者だったうえに、一人で歩いては絶対に行けないようなミニツアーまで、楽しむことができました。そこで、ほんの少しだったのですが、チップを上乗せして、運転手に渡そうとしたのです。善意の表現のつもりでした。ところが驚いたことに、きっぱりと断られてしまったのです。わたくしが値切った金額を、英語で言って、それ以外は断固として受け取りません。

今度は、わたくしが顔を赤くしました。社会はルールを守ることで成り立っています。二人の間の合意は、さしあたっての二人のルールです。これを契約と言うことぐらいは、当時だって知っているつもりでした。それにもかかわらず、契約は一方的に変更できないという大原則を、自分勝手な同情心で破ってしまって、しかも良いことをしているかのような気にさえなっていたのでした。恥ずかしい。運転手にきっぱりと撥ね付けられて、初めてそれが理解できたのでした。

先入観の絶対化

当時のアメリカでそれまで、さんざん聞かされていたことの一つは、中近東の人間は何をしてでも、お金を取るということでした。実際の取引の何倍もの値段を吹っかけてくるのだそうです。旅行書にも、はっきりと、そう書いてありました。だから、気をつけるようにと。けれどもこの運転手は、まったく違っていました。彼は頑固に、わたくしが最初に言った金額に固執したのです。これこそが契約という正義の日常的な実践に違いありません。最初の取り決めは、今も有効です。必ずホテルまで連れてゆくというのが、約束でした。彼は確かにそう言いました。ホテルの真ん前から乗ったのは、わたくしの勝手でした。ホテルに戻るまでがどうであろうと、それは彼の責任であったのです。旅行案内書と、目の前の運転手との違いが初めから、見えなくてはいけなかったのに、最後の最後になるまで、見えなかったのです。旅行案内書を絶対化してしまっていたからです。

グローバルに考えよう

ところが、イスタンブールで学んだはずの契約のルールを、ことが自分の息子となると、わたくしはすっかり忘れ、自分勝手な感情を押し付けようとしていたのでした。それがだれであっても、相手と自分が別の文化、別の言語に属するなら、そこは多様性の世界です。グローバルスタンダードで対応するほうが、ずっと楽で結果もよいということは、今では個人的な生活の知恵となっています。それにもかかわらず、一度で学習できず、同じことを何度もくりかえし、その都度、同じ思いをしたのでした。田中さんと同じように、「思い」から抜け出せないのです。

そのような「思い」を少しだけカッコに入れて、別の発想をしてみれば、違った方策をシミュレートすることができるはずです。

「ちょっと、お買いものに行くけど、いいかしら?」

の代わりに、

「ちょっと、お買い物に行ってきますね」

と言ってみます。これは当時のわたくしには、言い渡しのようで、きつすぎる感じがあったので、言いにくい表現でした。この「きつすぎる」というのは、自分の感情でしかありません。本当にきつすぎるか、すぎないか、相手に確かめてみることは、していませんでした。これは、相手から見れば、自分の感情に閉じこもっているとしか見えないのです。契約的には、一方的すぎます。落語の大家さんなら、「えぇ、じれってぇな。気がきかねぇ」となるところかもしれません。

「お買い物に行くけど、一緒に行く？」

でも良かったのです。最後の

「一緒に行く?」

なら、日本語でも、英語でも、Yes と No は、同じですから、全然問題はないはずです。わざわざ日本語と英語の対立を、絶対化する必要などないのでした。もちろん解決は、他にもたくさんあるはずです。いろいろ考えてみてください。

最善の説明は無手勝流

たくさんの仮説をシミュレーションして、その中から、もっとも現実に適合した案を採用することを、グローバル社会では、名付けて「Inference to the best explanation(最良の説明に至る推論)」と言います。略してIBEです。これが新しいグローバルスタンダードの発想です。帰納でも演繹でもない、第三の発想と言ってもいいものです。

繰り返します。古い決定論では、「解」は一つしかありません。絶対です。しかし新グローバルスタンダードでは、目的に適わないなら、その分析には意味がないと考えて、次の「可能な限り最善の説明」に進むことができます。「解」は相対的です。次に進むためには、いったん今の解を捨ててかまいません。必要なら、いくつでも捨てて、前に進むのです。一見「あてずっぽう」にしか見えない推理でも、目的に適うとき、それは確かな「解」となるのですから。

共感は作り出すもの

とは言いつつも、それでも長いこと、「いいかしら？」にこだわったのを覚えています。それは、この「いいかしら？」で、自分は息子に共感を求めているのだと気づくまでに、相当の時間が掛かったからでした。もしかしたら、気づきたくなかったのかもしれません。心理学では、これを抑圧と言いますが、気づけば自分は変わらなくてはならないことを、心の深いところで知っていたのだと思います。自分の行為に責任を持て、とか、自分で決めたことには自分で責任をとれ、とか、言葉で言うのはたやすいことですが、言葉どおりに実践すれば、「思い」はせき止められ、互いの意志と向き合うことになります。これは、きつい。なぜなら、田中さんもそうでしたが、日本文化で人を結ぶのは、感情の共有だからです。

ルールも共感もない場合には、互いのエゴのぶつかり合いに終始するほかはありません。これはさらにきつい。もしそうなれば、これはアメリカ人同士であってもきついでしょう。諦めも容赦もない文化で、日本人よりとことんやって、デスマッチになるかもしれません。だからこそ、ルールを求めるのです。契約、取り決め、合意をその場で立てるということは、グローバルスタンダードのスキルです。自分の考えを、相手に投げて、答えを待ちます。シンプルなキャッチボールです。こうやって、互いのローカルな文化を超え、人としての共感を創出するのです。

ドアの開閉と Thank you の関係

グローバルスタンダードのＩＢＥの演習問題として、「日本人はなんで「ありがとう」が言えないのか？」というテーマに取り組んだ留学生がいました。田丸さんは、わざわざショッピングセンターのドアのそばに陣取って、観察をしてきました。結果は、確かに日本人は、ほとんど「ありがとう」を言わないし、相手がだれであろうと、言っても応えて貰っていない、という結果になりました。他のアジア人同士や、白人対非日本人では、ちゃんと挨拶を交わし合っているように見えます。さらに観察すると、日本人はドアを通るとき、皆顔をそむけてしまっていること、笑っていないことに気がつきました。

そこで田丸さんは、さらに実験を試みたのです。にこにこしながら相手の目を見て、「あーあー」と言ってみました。すると皆さん、きちんと応答してくれたのです。面白くなって日本語で、「どうも」と言ってみたら、「Sure」という答えが返って来ました。

田丸さんは、これは大発見だと、友人となったばかりのアイルランド人の男性（自称では保険屋）に報告してみました。彼は大学のクラスの仲間の一人です。仲良しグループが集まって、毎日喫茶店で四方山話をしている中で話してみたのでした。すると、その男性が言うには、

白人同士でも同じさ。タイミングやフィーリングで応答しないことが多い。それに私だってTH-A-N-Qなんて言わないよ。大抵Ta-か、Q-だけだね。あなたは日本人「を」分析しているんじゃなくて、返事しない（されない）人間を、日本人だと（思い込んで勝手に）分析してるんじゃないか。

そこで田丸さんは、今度は、日本人留学生に訊いてみると、「(自分たちの) 発音が悪い」のがその原因だ、とか「(相手の) 人種差別」だという意見が、圧倒的でした。しかも、その中の一人は、

相手の目を見て馬鹿みたいにアーウーいうくらいなら、何もしないほうがましだ。

とまで言うのです。これらの受け止めかたは、まさに実感の世界に違いありません。興味深いことに田丸さんは、この発見を足掛かりにして、文化の絶対化を脱し、グローバル社会の多様性を楽しむ仕方を身につけることができたのでした。帰国後は、日本の文化と社会を研究テーマとして選択し、その後は就職し活躍しています。

日本料理店の Thank you

こうした田丸さんの話を聞いて、自分でも実験をしてみたくなり、日本料理屋に行ってみたのが間島さんでした。ウェイトレスがお茶を出してくれたので、"Thank you"とネイ

ティブ風の発音で言ったのですが、相手は黙ったままでした。ウェイトレスは、レジに戻ると、仲間のウェイターと日本語で立ち話をはじめます。二人とも新人のようで、間島さんには聞こえていないと思っているようです。

ウェイトレス　お茶出したら「ありがとう」って言われちゃって、返事できなかったよ。そういうときって普通何て答えるの?

ウェイター　簡単だよ。「お茶出したくらいでいちいち御礼すんなよ」って言うしかないじゃん。（二人とも笑う）

この会話は、もちろん冗談だとしても、定番の答えが準備されていないのだということに、間島さんは、気づいたのです。日本料理屋では、お茶くらいでは客も店員も何も言わないのが普通です。これは、日本でも、アメリカでもそうです。軽く「どーも」と言うことはありますが、これも日本でもアメリカでも同じです。間島さんは、考えているうちに、これは言語学や社会学の問題ではなく、グループの外で「一人の人間」として生きていく上での深く、そして切実な問題だなと考え始めたのです。

こんな考えに自分で、なるほどと感心して食事を終え、間島さんが店を出るときに、赤ちゃんを抱えた白人女性がやってきたので、ドアを開けてあげました。すると女性からはごく自然に、「Thank you.」という答えが返ってきたのです。間島さんはしかし、とっさに何も返せませんでした。頭では発話していたのですけれど……

再びグローバルに考え、ローカルに振る舞う

発話だけなら、たんなる「慣れ」の問題かもしれません。しかし慣れを超えて、自分の感情と行動を一般化できれば、それは自分流のグローバルスタンダードとなります。このプロセスこそ、IBEなのです。こうやって、日常的な場面で、楽しみながらいつもやっていると、場を超えた「自分の」能力としてそれを身につけることができます。失敗は当然のプロセスですから、がっかりすることはあったとしても、深く傷つくことはありません。これが、留学することに代表される、向こう側に飛び込むことの、メリットです。頭の中でシミュレートしているだけでは、人には出会えません。人とのインタラクションをつうじて、自分のスタンダードを持つことができて初めて、本当に、「グローバルに考え、

ローカルに振る舞う」ことになるのです。出来合いのグローバルスタンダードに適応するだけでは、自分を置き忘れることにもなりかねません。自分があって初めて、「人」に出会うことができるのです。自分のスタンダードがあって初めて、すでにあるグローバルスタンダードの意味も、自分のこととして理解できるのです。ここでは、グローバルにもローカルにも、一対一の個人として対応することができます。日本が、アメリカが、ではなくて、今ここに個人としての「あなたと私」が居るのです。

おわりに

失敗する勇気からの自己形成

グローバル社会の文化も、英語文化も、多様性に富んだマルチ文化です。そこでの人は多様性に富んでいます。まずほとんどの場合、自分の文化の常識は通じません。生まれてから慣れ親しんで、自然だと感じる情緒の世界を共有することが、予定できないのです。自分の文化の外に出れば、ほとんどの経験は、未知のものなのだと想定する必要がありま す。ここから出発するために、グローバル社会では、すでに新しいグローバルスタンダードが、開発され広まっています。

いままで実例で見てきたように、「日本語なら」と「英語では」という違いを絶対化してしまうと、せっかくの異文化理解が、かえって自分の前に立ちふさがってしまいます。古い決定論では、「解」は一つしかありません。絶対です。しかし新グローバルスタンダードでは、目的に適わないなら、その分析には意味がないと考えて、次の「可能な限り最善の説明」に進みます。「解」は相対的です。次に進むためには、いったん今の解を捨ててかまいません。必要なら、いくつでも捨てて、前に進みます。失敗は、成功の母なのです。失敗を重ねることを推進力として、前進するのです。この心理的なタフネスは、グローバル文化に必須の条件です。

パースの仮説

未知の解を求める仕方を論じたのは、十九世紀の数学者で、アメリカ・プラグマティズムの創始者とされているパース（Charles Sanders Peirce 1839-1914）でした。パースは、演繹と帰納のほかに、第三の推理過程として「仮説」(13)という概念を考え出しました。例えを挙げると、演繹では、モスレム(14)の女性はスカーフをかぶるので、モスレム女性のAさんもBさんもかぶっている、と推論します。観察から始まって、スカーフをかぶっているAさんは、モスレムだと推論すれば、この推論は帰納です。どちらも、スカーフとモスレムであることが、前提として結び付けられています。

この二つに対して、仮説では、この二つが前提として結び付かない場合を、試みに想定してみるのです。例えば、モスレムでない女性でも、スカーフをかぶることはできるので、ファッションや、他の理由でかぶっている人もいるかもしれないと考えれば、これは仮説一です。スカーフをかぶることで、モスレム女性が差別されているので、自分はモスレムではないが、抗議の意味でかぶっている女性もいるかもしれないと考えれば、これは仮説二となります。抗がん剤を使った結果、髪が抜けてしまったので、頭を覆うために仕方なくかぶっているのかもしれないと考えれば、これは仮説三となります。

本書で見てきた例では、日本人と挨拶の関係に注目した田丸さんの場合には、最初は「日本人＝英語ではあいさつができない」という前提の中で観察をしていたのでしたが、やがて、その枠組みを超えて、「実は発音が悪いからでも差別でもなく、挨拶のときの態度そのものの中に解があるのかもしれない」という考えに至ります。これは仮説です。その結果、さらに自身で実験し、その仮説が正しそうなことに気づく。答えは、日本人だから、外国人だから、という枠組みを超えたところにあったということです。

アイルランド人の友人の発言はそのダメ押しになっています。彼の言葉をもう一度、引用してみましょう。

白人同士でも同じさ。タイミングやフィーリングで応答しないことが多い。それに私だってTH-A-N-Qなんて言わないよ。大抵Ta-か、Q-だけだね。あなたは日本人「を」分析しているんじゃなくて、返事しない（されない）人間を、日本人だと（思い込んで勝手に）分析してるんじゃないか。

こんなふうに、演繹と帰納では前提となっていた、「スカーフの女性＝モスレム」や、「日本人＝英語ではあいさつができない」という前提の外に出て、出来る限りの可能性に当たってみるのが、パースの言う仮説です。だから仮説は、すべて「かもしれない」という可能性の推論です。ここから理論が生まれます。

このほかにも仮説では、感情やイメージのように、これまで近代では排除されてきた主観的要素を、もう一度推理過程に持ちこむことで、創造的な思索を「かもしれない」という形で、積極的に求めてゆこうとするのです。パース自身の事例を挙げれば、音楽を聴くときに全身的に起きる感覚を、感情と呼ぶのだという主張も、その一つです。演繹と帰納に閉じ込められた既成の思考回路を、人の持てる能力を駆使して、破って外に出ることで、新しい境地を開こうとするのです。

アブダクション

この「仮説」は、のちにパース自身によって、アブダクション（Abduction）と呼ばれています。日本語訳はないので、自然科学でもいまのところ、一般的にアブダクションと呼ばれています。この言葉の意味は、さまざまに解釈されてきましたが、面白いことにこの言葉の一般的な意味は、「誘拐」です。動詞の「abduct」には、「引き離す」「無理に引き離す」という意味がありますが、パースの「abduction」については、動詞は「abduce」になります。演繹の「deduce」と帰納の「induce」に対応して、「abduce」と言うわけです。

しかし、パースを読むと、「abduct」のほうが適合しているように思えてくるのは幻想でしょうか。既存の常識では理解できない現象を、「abduction」は、なんとか「もぎとって」くることを、言っていると思えるからです。よく分からないことは、気がつかないか、気がついても見過ごすのが、ふつうですし、良識ある態度とされています。しかしパースはここで、新しい現象の発見の可能性が、直観にあることを見抜いています。何かが目の前を横切ったら、それを素早く掴み取る能力は、直観の作用です。「さらってくる」という意味では「abduct」のほうが、適合するかもしれません。この面白さは、理論抜きに、目の前の現象に集中することです。演繹でも帰納でもなく、それはもうそれとして、新しい現象を可能性として、現実の中から素手で掴み取るのです。新しい現象が、既存の論理に護衛されているなら、「誘拐する」ほかはないでしょう。

IBE

ポストモダンを受けて、一九九〇年代からはアブダクションを、方法化しようとする試みがあります。本文でも触れた、「Inference to the best explanation（最良の説明に至る推論）」と呼ばれるものがそれです。略して、ＩＢＥ。

一つのテーマ（命題）にたいして、可能な限りの仮説を立て、その中からもっとも観察された事実に適合するものを選びます。これが最良の説明であり、そこに至る方法がＩＢ

Eという主張なのです(15)。たくさんの仮説をシミュレーションして、その中から、もっとも現実に適合した案を採用します。新しいグローバルスタンダードの発想です。帰納でも演繹でもない、第三の発想です。

またまた繰り返しになりますが、古い決定論では、「解」は一つしかありません。絶対です。しかしこの、新しいグローバルスタンダードでは、目的に適わないなら、その分析には意味がないと考えて、次の「可能な限り最善の説明」に進みます。次に進むためには、いったん今の解を捨て、必要なら、どんどん捨てて、前に進むのです。一見「あてずっぽう」にしか見えない推理でも、目的に適うとき、それは確かな「解」となるのですから。

この心理的な強さこそ、グローバル社会を前に進める力なのです。しかもこの力は、いわゆる客観ではなく、人の中にあるのです。グローバル社会の主役は、人なのです。だからこそ、教育が重要になるのです。

創造は無手勝流で

二十世紀には、自然科学のパラダイム転換を追って、社会科学も教育も、パラダイム転換を目指しました。先端の社会科学は、既存の理論と方法で、がっちり固めた古い社会科学の外に、新しい可能性を求めます。創造性とは、無から有を生み出す能力です。理論を作る理論を作ろうとする学者もいますが、ＩＢＥは理論そのものではなく、一種の態度だと考えたほうが良いのです。解を求める方法は、その都度新しく、条件に応じて創出しなくてはなりません。この創出の過程がＩＢＥです。出来合いの答えでは満足できないのですから、新しく最初から、定義しなおして出発しなくてはなりません。定義は主観の産物です。定義するという創造的な行為には、自分の行為に１００％責任の持てる個人であることが必要となります。これが「自分がある」ということの意味なのです。人格の必要性なのです。だからこそ今、ハーバード大学の正義の講座や、スタンフォード大学の自己変革の講座が、圧倒的な人気となっているのです。近代の先端では、「自分」というものもまた、アブダクション（ＩＢＥ）することを通じて、創り出すものなのです。

インターナショナル・バカロレア

インターナショナル・バカロレアという教育機関を耳にしたことがおありでしょうか。

この教育機関自体は、正式な起源を、古くは一九六八年のスイス本部設立まで、さかのぼることができます。一九九〇年代には、内容を刷新して、グローバルにパワーアップした結果、アジア、アフリカ、中近東にまで、国境を越えて広がったのです。一九九〇年代には欧米の一流大学では、すでに大学院ばかりでなく、学部レベルでもほとんどの学生が、アブダクション（IBE）を獲得していたと考えられます。私見によればこの制度は、この時期に創造的な大学生・大学院生を教員として送り込み、グローバル社会の次世代にたいして、創造的な教育を大々的に行おうというものだったのです。つまり、すでに新しいグローバルスタンダードに、パラダイム転換している新しい近代人を、大学から集めて教育者に育て、次世代を幼少期から、パラダイム転換しようという目的があったと考えてよいと思います。世界のどこでもキーワードは創造性でした。

もちろん日本でも、この時期にいち早く、文部（科学）省の指導で、インターナショナル・バカロレアを取り入れた高校もありました。しかし残念なことに、日本では、この新しいグローバルスタンダードについての理念は、理解されなかったようです。残念ながらこの試みは、日本では不発に終わってしまったように見えます。しかし欧米では、この元祖だけでなく、その後にも似たような教育機関が、つぎつぎと出来て繁栄しているのです。

先端知識のネット公開

その結果でしょうか、欧米ではこの創造的な発想が、すでに大衆化され、新しいアイデアや思い付きが、惜しげもなくネット上で公開されています。英語でブラウズしてみると、よく分かります。

今まで日本は、西洋に創造的過程を任せ、その産物であるシステムの充実によって、経済的繁栄を築いてきました。いまや、日本だけでなく、アジアもアフリカも、日本の後を追っています。この現実を、西洋はよく知っていて、すでにあちこちのブログやホームページで、論じられています。言ってみれば、ネット上の公開討論です。その中で、もっともポピュラーな対応策は、創造力によるイノベーションの速度を、極端に速くすることで、追随者（例えば、日本とアジア）がシステムを充実させても、稼働の時点では、すでに古くなってしまっているようにする、という提案があります。これは現時点で、すでに実践されているのです。これに限らず西洋は、この手の知識をどんどん公開することで、ネット上にオープンなディスカッションのネットワークを作り上げています。これによって、イノベーションのスピードはさらに加速されるのです。これが、西洋の考える情報公開であり、民主主義なのです。

グローバル社会で英語を使うなら、この現実を読み解くことができるような英語を学習しようではありませんか。英語が難しいのではないのです。解がいつも準備されており、しかもそれが一つだと思い込んでいるために、違う方向を向いている、本当の英語が難しく感じられるのです。心理的に参ってしまうのです。グローバル社会の英語がどっちを向いているかが分かれば、英語ができるようになるだけでなく、グローバル社会の動向も、英語を学習しながら、読み解くことができるようになります。日本語を捨てる必要もないし、第三、第四の言語を、学ぶことも夢ではなく、自分の現実とすることができます。それは可能です。グローバル社会の解は一つではありません。

註

1　文法的に忠実であれば、I did not mean what I said sorry about.（I did not mean about the thing which I said sorry.）となるが、日常会話では使われない。

2　宮永國子『とつぜん会社が英語になったら…「まっとうな英語」のすすめ』武田ランダムハウスジャパン、二〇一〇年

3　マサチューセッツ工科大学。これもボストン郊外にある。

4　この「now」は、文章が現在完了なので、現在の時制に対応して、時制の確認となっている。

5　ここもまた聞こえたとおりに再現しているのですが、ネイティブの英語では、What color shirt will you be wearing? ぐらいが、自然であろう。

6　ここもネイティブなら、It will be embarrassing! が自然だろう。

7　約五十万円。

8　ワスプ。White（白人）Anglo-Saxon（アングロサクソン）Protestant（プロテスタント）の頭文字を取って、WASP。アメリカ社会をリードする特権的グループと考えられている。

9　少数人種。

10　恩師である教授にとっては、この方法は古代ギリシャからの科学一般の方法である。教授は、この方法を初めて理論化したパース研究の権威として知られている。詳しくは、「おわりに」を参照。

11　二〇一三年二月十五日朝六時からのBSニュース。

12　今までの経験から、最近の事例を挙げると、差しさわりがあるといけないので、古い事例を挙げたい。古い事例だと、全く無関係の人が、「それは、わたしです」と名乗り出てきたりすることもないからだ。

13　英語では、演繹はDeduction、帰納はInductionと言うが、英語では仮説はHypothesisとなる。

14　イスラム教徒のこと。日本語では、ムスリムとも言う。

15　ただし、これはアブダクションとは違うという学者もいる。なぜなら、アブダクションはどこまでも、新しい現象を掴み取ることに集中する。新しい現象は、「見えない」か、見えにくい。さっと目の前を、かすめるだけだ。それを定着する過程がアブダクションなのだ。これに対してＩＢＥは、説明理論の創作に集中する。新しい現象に、新しい理論を与えようとする。この二つを合わせたものが、パースの「仮説」だとすれば、パースは最初、論理過程に焦点を当てたが、後には、直観的対象把握を強調したと、考えることもできるだろう。

附

本書の内容は、認識論を恩師のI・シェフラー教授に依っています。「恩師」は英語では「mentor」と言いますが、日本語の意味とは少し違っていて、細かく指導してくれる師であることと、弟子が気持ちの上でも私淑していることが、条件だとわたくしは思っています。教授は、今は高齢で引退していますが、ハーバード大学の教育学部で哲学を教えていました。C・S・パースから学問的系譜で直系の四代目の後継者でもあります。パースが数学者であったように、教授も数学に堪能で、科学哲学者であり、またパースの正統を継ぐプラグマティストでもあるのです。教授に紹介された時点では、すでに社会人類学の博士号を持っていたので、研究員の資格で約二十五年間教えを受けました。

教授が引退してからはすでに五年以上たちます。文字通り私淑しています。教授は、引退後も執筆をつづけ、九二歳の時に水晶のように透徹した哲学書を出版しています。

人類学の恩師であるK・バリッジ教授と、最初の人類学の先生のM・ギルソナン教授は、どちらもオックスフォードのE・E・エヴァンス＝プリチャードの弟子でした。他の直弟子はみな亡くなったのですが、お二人はたいへんに元気です。エヴァンス＝プリチャードは、人類学のフィールドワークにアブダクションを持ち込んだ人でしたが、生存中、この評価を得ずに終わったと思います。彼に批判された機能主義をつらぬいたR・ニーダムは、ウィトゲンシュタインからアブダクションを継承し、単純な機能主義者ではなかったと思います。ケンブリッジでウィトゲンシュタインの後を継いだJ・ウィズダムは、パースのアブダクションに似た概念を論じ、オステンテイション（ostentation）と名付けています。同じ内容の概念を、エヴァンス＝プリチャードはアート（art）と呼んでいました。どちらも、一九五〇年代に発表されています。

西洋にポストモダンと呼ばれる文芸運動が起きたのは、この後、二〇世紀の後半でした。西洋は、「解は一つではない」ことを獲得するために、文化的にまた心理的に、血の出るような解体の時代を通り抜けたのです。二一世紀の西洋は、この経験を踏まえた上で、新グローバルスタンダードを創出し、しかもそれを大衆化して、実践しているのです。

この新しいグローバルスタンダードは、グローバル社会の英語文化がリードしています。ちょうど、産業革命が、近代英語文化の展開と、二人三脚したように、現代のIT革命は、現代英語と一体なのです。それならば、英語の学習はこの新グローバルスタンダードに、基づいて行ったらどうでしょうか。説明は難しくても、英語として学習すれば、けっして難しくありません。現代英語は、もともとそう出来ているからです。英語の実践が、かっこうの事例を提供してくれるからです。それが本書の目的なのです。人類学ばかりではなく、先端の知識は、知らない単語の日本語訳でいっぱいです。新しいということは、それだけでも難しいのに、日本語では用語さえ熟していないのですから、理解できなくて当たり前です。火星人が居るのなら、説明よりも、ここに連れてきてほしいのです。それならば、事例に語らせましょう。英語文化の理解のために、英語を事例として連れてきましょう。事例で英語を習得し、英語文化は現地で実地に納得しようではありませんか。英語文化は、アジアにもあります。英語文化は、マルチで、多様です。それへの対応が、新グローバルスタンダードとして、すでに普及しているのです。

この「附」で述べた内容は、学術論文の中ですでに論じられ、出版されています。興味のある方は、以下を参照ください。

"Globalization, Culture and Society: What Role Does Language Play? An Example from English Education in Japan," *Dialogue and Universalism 2012-4*, pp.7-16, Ed. Janusz Kuczyński. University of Warsaw, Warsaw, December 25, 2012.

同じ論文は、学会発表の後で *Proceedings* に掲載されています。

"Globalization, Culture and Society: What role does language play? - an example from English education in Japan," *Proceedings*, IAFOR, August 1, 2012, pp. 265-278.

また、Facebook で「Kuniko Miyanaga」と「宮永コンピテント英語塾」にも掲載されています。

宮永國子（みやなが・くにこ）
ブリティッシュ・コロンビア大学 Ph.D.（社会人類学）。国際連合大学研究員、オックスフォード大学上級研究員、国際基督教大学大学院教授などを経て、現在ライシャワー日本研究所（ハーバード大学）研究員、国際基督教大学研究員、NPO 法人 The Human Potential Institute 主宰。宮永コンピテント英語塾会長
（http://competent.jp/index.html）。
著訳書に、*The Creative Edge: Emerging Individualism in Japan*、『人類学的出会いの発見』、『グローバル化とアイデンティティ』、『とつぜん会社が英語になったら…』、『個のアイデンティティ』（K・バリッジ）など。

英対話力
コミュニケーションで出会うあたらしい自分

2013年4月25日　第1刷印刷
2013年5月10日　第1刷発行

著者——宮永國子

発行人——清水一人
発行所——青土社
〒101-0051　東京都千代田区神田神保町 1-29 市瀬ビル
［電話］03-3291-9831（編集）　03-3294-7829（営業）
［振替］00190-7-192955

本文印刷所——ディグ
扉・表紙・カバー印刷所——方英社
製本所——小泉製本

装丁——松田行正

ISBN978-4-7917-6698-7 C0082